講座
図書館情報学

4

山本順一
［監修］

# 図書館情報技術論

図書館を駆動する情報装置

［第2版］

塩崎 亮／今井福司／河島茂生
［編著］

ミネルヴァ書房

## 「講座・図書館情報学」刊行によせて

　（現生）人類が地球上に登場してからおよそ20万年が経過し、高度な知能を発達させたヒトは70億を数えるまで増加し、地球という惑星を完全に征服したかのような観があります。しかし、その人類社会の成熟は従来想像もできないような利便性と効率性を実現したものの、必ずしも内に含む矛盾を解消し、個々の構成員にとって安らかな生活と納得のいく人生を実現する方向に向かっているとはいえないようです。科学技術の格段の進歩発展の一方で、古代ギリシア、ローマと比較しても、人と社会を対象とする人文社会科学の守備範囲は拡大しこそすれ、狭まっているようには思えません。

　考古学は紀元前4000年代のメソポタミアにすでに図書館が設置されていたことを教えてくれました。図書館の使命は、それまでの人類の歴史社会が生み出したすべての知識と学問を集積するところにありますが、それは広く活用され、幸福な社会の実現に役立ってこそ意味があります。時代の進歩に見合った図書館の制度化と知識情報の利用拡大についての研究は図書館情報学という社会科学に属する学問分野の任務とするところです。

　1990年代以降、インターネットが急速に普及し、人類社会は高度情報通信ネットワーク社会という新しい段階に突入いたしました。4世紀あたりから知識情報を化体してきた書籍というメディアは、デジタルコンテンツに変貌しようとしております。図書館の果たしてきた役割はデジタル・ライブラリーという機能と人的交流と思考の空間に展開しようとしています。本講座では、サイバースペースを編入した情報空間を射程に収め、このような新たに生成しつつある図書館の機能変化と情報の生産・流通・蓄積・利用のライフサイクルについて検討・考察を加えます。そしてその成果をできるだけ明快に整理し、この分野に関心をもつ市民、学生に知識とスキルを提供しようとするものです。本講座を通じて、図書館のあり方とその未来について理解を深めて頂けたらと思います。


　2013年3月

山 本 順 一

# は し が き

　図書館は、もはや情報技術なくしてはサービスを実行していけない状況下
に置かれている。

　これは2013年に刊行された本書初版のはしがきからの引用である。当時です
らこの一文に異論を唱えるひとはいなかっただろう。「いわんや今日をや」で
ある。むしろ逆に、司書資格取得のために「図書館情報技術論」という名称の
科目が独立して設けられていることを不思議に思うひとすらいるかもしれない。
図書館の日々の業務・サービスを情報技術が支えているのであれば、「図書館
サービス概論」「情報サービス論」「図書館情報資源概論」「情報資源組織論」
などの他の科目のなかでそれぞれ扱われる方がよいのではないかという疑問を
もった人がいたとしたら、鋭い。

　その疑問は、図書館や図書館情報学教育といった領域に情報技術がより深く
浸透していくにつれ、いずれ解消されることになるのかもしれない。だが少な
くともこの第２版刊行時点では、図書館法施行規則（文部省令27号）で定めら
れている通り、「図書館に関する科目」（図書館法第５条第１項第１号）において
「図書館情報技術論」は固有の必修科目と位置づけられてきた。そしてこの科
目では「図書館業務に必要な基礎的な情報技術を修得するために、コンピュー
タ等の基礎、図書館業務システム、データベース、検索エンジン、電子資料、
コンピュータシステム等について解説し、必要に応じて演習を行う」ことが求
められている（これからの図書館の在り方検討協力者会議（2009）『司書資格取得のた
めに大学において履修すべき図書館に関する科目の在り方について（報告）』）。

　本書はその教科書である。したがって主な想定読者は、図書館法で定められ
た司書資格を大学・短期大学で取得することを目指す学生、あるいは司書講習

の受講生である。そのためできるだけ平易な表現を用いて、前提となる技術的な知識がなくても読めば分かる内容となるようにこころがけた。少しは気分転換（？）になればと章末にはコラム欄も設けている。

とはいえ本書初版と同じく、情報技術との向き合い方にとまどいを感じている現職の図書館員、さらには図書館行政にかかわる意思決定者といった読者層にとっても有用な内容となるように配慮した。本書は、大学教員だけでなく現場に精通した図書館員も執筆に加わっているため、概説・理念的な話にとどまらず、臨場感のある事例や実務に役立つノウハウを盛り込むことができている。

さて、ここまで定義もしないで「情報技術」ということばを使ってきた。なにをいまさらといわれるかもしれないが、文字通りに解釈すると「情報」の「技術」であるから、「情報」を作成・流通・保管するために用いられる道具やその使い方とも解釈できる。しかしそれではたとえば紙媒体の「図書」も「情報技術」に含まれることになってしまう。そうではなく、本書では一般的に理解されているように、「情報技術」ということばを「コンピュータによる情報処理技術と通信技術の総称」（第1章より）として使う。

章立ては初版と同じく全15章構成とした。大学の授業は半期15回で構成されることが多いためである。おおまかな構成は初版と基本的に変わらない。ただし初版で扱っていた情報・検索概念については「情報サービス論」など他の科目で主には説明される内容と判断しなおし、第2版では割愛することとした。その代わりに、（小学校の段階から「プログラミング的思考」が必須となった時代において）図書館員も最低限知っておくべきプログラミングの知識に関する章と、情報技術（IT）を駆使した図書館業務・サービスを実現させていくうえで欠かせないITガバナンスとITマネジメントに関する章を第2版では追加している。なお当然のことながら、新設の章でなくとも、初版刊行から改訂時点までに生じたさまざまな変化を反映させる必要があったため、ほとんどの章でかなり手が加えられている。

章の並びは、おおまかには過去・現在・未来という流れで組んだ。まず、図書館と情報技術の関係性を歴史的に整理するところから始める（第1章）。つい

で、図書館の業務・サービスを支えている情報システム（第2章）、さらにその図書館業務システムを実現させている一般的な情報技術について解説していく。第3章はコンピュータ、第4章はインターネット、第5章は情報検索システム、第6章はデータベース、第7章は検索エンジン、第8章及び第9章はWebサイトやSNS、第10章はプログラミングについて扱う。加えて、デジタルコンテンツを作成・管理する仕組み（第11章は電子資料、第12章はデジタルアーカイブ）、そして、ここまでに取りあげた多様な要素技術を組織体である図書館に取り込んでいくための持続可能な仕組み作り（第13章はガバナンス、第14章はマネジメント）についてまとめる。最終章ではIoT（モノのインターネット）やAI（人工知能）など先端技術と図書館との関係について整理・展望した。

　ただし各章の内容はそれぞれ独立しているため、興味関心のある章から読み進めることができるようになっている。本書を授業の教材として使われる場合も、説明しやすいように取り扱う順番を適宜組み替えて活用してもらえればと思う。


　複数編者による改訂作業は、新型コロナウイルス感染症が広がり、社会全体で「新しい生活様式」が模索されるなかで進められた。各種の情報技術なくしてオンライン上での打ち合わせや執筆編集作業などは行えなかった。10年前であれば、本書は完成していなかったかもしれない。改めて忘れてならないのは、情報技術はあくまで技術であり、それをいかに開発し使っていくかは私たちに委ねられているという点である。ふたたび、初版のはしがきから引用しておきたい。


　　情報技術は万能ではない。現在、どの領域を情報技術に任せ、どの領域を人に任せるのか、きちんとした判断が求められている。


　司書資格を取得しようとしている受講者のなかには、情報技術に対して苦手意識をもっている方もいるかもしれない。できるならば苦手なことは取り組ま

ず、詳しい誰かに一切を任せてしまいたいと考える方もいるかもしれない。しかしながら、図書館で扱う資料はすでに印刷媒体だけではなく、インターネット上の情報も含んだ情報資源全般まで広がっている。このような状況において、利用者のことを常に意識した図書館や、その図書館で職務に取り組もうとする図書館員にとって、どのような情報技術が存在して、それをどう活用するかを知らないで済ませることは困難ではないだろうか。各図書館では、それぞれの組織がもつ使命・目的を達成するために、最適なかたちで各種の情報技術を柔軟に導入・駆使していくことのできる図書館員が今後ますます求められていくに違いない。本書がそのような専門職育成・配置の実現に向けた一助になることを願う。

　最後になったが、ミネルヴァ書房の本田康広氏には編集途中から担当してもらい、各種調整に尽力いただいた。ここに記して感謝したい。


2022年2月

編者一同

# 図書館情報技術論 ［第 2 版］
──図書館を駆動する情報装置──

## 目　　次

はしがき

第1章　図書館における情報技術の変遷……………………………………1

　　1　図書館と情報技術　1

　　2　図書館における情報技術応用の諸段階　2

　　3　新たなサービスの開発と課題　14

　　コラム　複雑すぎる図書館システム　16

第2章　図書館における情報機器の役割と実際…………………………17

　　1　インターネット情報環境　17

　　2　図書館業務システム　18

　　3　館内機器（主なもの）　28

　　コラム　泥の天使たち　35

第3章　コンピュータの仕組みとその歴史………………………………36

　　1　コンピュータの歴史　36

　　2　コンピュータの動作の仕組み　36

　　3　ハードウェア　37

　　4　ソフトウェア　42

　　5　オペレーティングシステム　45

　　6　アプリケーション　47

　　コラム　文字コード　48

第4章　インターネットの仕組みとその歴史……………………………49

　　1　インターネットとWeb　49

　　2　インターネットとWebの歴史　49

　　3　インターネットの仕組み　51

　　4　Webの仕組み　59

　　コラム　オンライン会議システムをめぐる混乱　61

第5章　検索システム………………………………………………………62

　　　　1　探索アルゴリズム　62

　　　　2　検索の種類　65

　　　　3　検索の評価　71

　　　　コラム　図書館員はどこまで情報技術に長けているべきか　74

第6章　データベース……………………………………………………75

　　　　1　データベースの仕組み　75

　　　　2　SQL　88

　　　　3　RDB 以外のデータベース　90

　　　　コラム　NoSQL で使われるソフトウェア　92

第7章　検索エンジン……………………………………………………93

　　　　1　検索エンジンとは　93

　　　　2　検索エンジンの歴史と現状　95

　　　　3　検索エンジンの仕組み　99

　　　　コラム　プライバシーリテラシー？　104

第8章　インターネット上の情報発信（1）………………………106

　　　　1　非来館型サービスの広がり　106

　　　　2　図書館 Web サイト　107

　　　　3　HTML と CSS　109

　　　　4　Web 上での情報発信のための技術　114

　　　　コラム　Librahack 事件　118

第9章　インターネット上の情報発信（2）………………………119

　　　　1　ユーザビリティ　119

　　　　2　UI と UX　122

　　　　3　アクセシビリティ　124

　　　　4　カラーユニバーサルデザイン　127

　　　　5　インターネット上の情報発信の課題　128

　　　　コラム　情報バリアに架け橋を　129

第10章　プログラミング･･････････････････････････････････････････････130
　　1　プログラミングとは　130
　　2　プログラミング言語　131
　　3　プログラミングの例①　133
　　4　アルゴリズムとフローチャート　137
　　5　プログラミングの例②（データの連携）　137
　　6　プログラミングの習得に向けて　141
　　　　コラム　ライブラリとフレームワーク　142

第11章　電子資料の管理･･･････････････････････････････････････････････143
　　1　電子資料の概要　143
　　2　電子資料の管理技術　147
　　3　電子出版と電子書籍　152
　　4　電子資料のアクセシビリティ　154
　　　　コラム　電子書籍の点数の数え方？　157

第12章　デジタルアーカイブ･･･････････････････････････････････････････158
　　1　デジタルアーカイブについての基本理解　158
　　2　デジタルアーカイブの実務プロセス　163
　　3　関係する諸権利と法　167
　　　　コラム　決め手は、言葉同士のつながり！　173

第13章　IT ガバナンス･･･････････････････････････････････････････････174
　　1　IT ガバナンスとは　174
　　2　情報政策との関係　177
　　3　情報セキュリティ　183
　　　　コラム　第三者の目　187

第14章　IT マネジメント･････････････････････････････････････････････188

1 ITマネジメントとは　188

2 システムのライフサイクル　188

3 プロジェクトマネジメント　197

コラム　アジャイル開発とウォーターフォール　203

第15章　最新の情報技術と図書館………………………………………204

1 高度化する情報技術　204

2 ICタグ（RFID: Radio Frequency Identification）　205

3 自動化書庫　211

4 図書館における防疫機器——ポストコロナ時代の図書館①　215

5 オンライン・レファレンス——ポストコロナ時代の図書館②　217

6 ソーシャルロボット、AIの応用　219

7 ラーニング・コモンズ、「場」としての図書館、IoT　221

コラム　「ひとりではない」図書館　226

索　引　227

<table>
<tr><td>第1章</td><td>図書館における情報技術の変遷</td></tr>
</table>

## ① 図書館と情報技術

　19世紀後半から20世紀初めにかけて、記録やコミュニケーションの形態が大きく変化した。写真・録音・録画の技術が発明されたことにより、人々は文字による記録や伝達だけではなく、音声や映像を記録して後世に残すことができるようになった。つづいて、20世紀後半にはコンピュータと通信技術の開発によって、情報は、それまで以上に迅速に処理され、大量に蓄積され、遠方へリアルタイムで伝達されるようになった。「情報技術」とは、一般にコンピュータによる情報処理技術と通信技術の総称である。今日では、情報がかつてないほどに大量に流通し、人々が生きるうえでも社会を動かすうえでも重要な価値をもつようになった。

　日本では、1970年代にさまざまな業界においてコンピュータ導入による業務革新がおこった。当初、コンピュータは別名の「電子計算機」という言葉が示すように、手作業で時間がかかりミスも多かった大量の計算業務を、人間に代わって迅速に、しかも正確に行う機械として導入された。図書館も例外ではなかった。図書館は、最新の資料や情報[1]を収集するだけではなく、古くとも貴重な資料を保存し、それらを有効活用できるように体系化して利用者へ提供する役割を担う。そのため、図書館の業務には情報を大量に処理する力と同時に、緻密さと正確さ、さらには迅速さが求められることになる。

---

1) 現在の図書館は多種多様な資料や情報を対象としているため、「情報資源」という語が使われる。しかしコンピュータ以前の図書館事情を考慮し、本章では適宜「蔵書」「資料」「図書」などの語を使用する。

図書館の業務革新において、情報技術が与えた影響は質的にも量的にも大きかった。しかし、技術による図書館業務革新は、コンピュータの登場で突然始まったわけではない。図書館はコンピュータ導入以前より、資料の収集、保存、蓄積、及びそれらの有効な活用を図って新技術の導入と応用の可能性を模索してきた。コンピュータへの移行は、それらの実践の延長線上にあった。つまり、図書館の情報技術導入は、膨大な手作業を単に肩代わりさせるだけではなく、資料の体系的な収集・保存・提供の理念を実現するうえで、これまで以上に有効な技術として応用されたのである。

　図書館の現状を理解し将来の図書館像を考えるうえで、図書館における技術の導入と応用の歴史を知ることには意義がある。次節では、どのような場面で図書館に情報技術が導入され応用されてきたのかを振り返る。なお、利用者側からみた情報技術導入の影響や利用者データの機械化などの問題は別の章で詳しく述べる。

## ②　図書館における情報技術応用の諸段階

### 2.1　コンピュータ導入以前

　従来、図書館の主要なメディアは印刷物であった。増加し続けるこれら資料の新しい保存形式として注目されたのが、**マイクロフィルム**である。文献や図面などを、特殊な撮影機材を使って原版の6分の1から50分の1程度の大きさに縮小して撮影し、巻き状のマイクロリールやシート状のマイクロフィッシュなどで保存する。1905年、**アメリカ議会図書館**（Library of Congress：LC）が図書館で最初に資料のマイクロフィルム化を行った。日本では、**国立国会図書館**（National Diet Library：NDL）が1953年に新聞のマイクロフィルム化に着手した。コンピュータ導入以前、マイクロフィルム化は雑誌・新聞の大量のバックナンバーや、破損が心配される古書・貴重書などの保存と利用に有効な手段であった。しかし、マイクロフィルムの資料は小さすぎて肉眼では読むことができず、専用の読み取り機器が必要である。マイクロフィルムも読み取り機器も高額で

あり、また湿度や温度にも配慮した保存管理が求められた。そのため、小規模な図書館では設置が難しく、利用の中心は大規模図書館や大学図書館などに限られた。

　録音資料の主流である音楽CDは、1980年代以降に広まりレコード盤にとって替わった。映像資料では、16ミリの映画フィルムから、再生や録画が容易なビデオテープに代わり、現在では映像の質が高く繰り返しの使用にも耐えられるDVD（Digital Versatile Disc）や、より高画質のBD（Blu-ray Disc）が主流になった。これらの視聴覚資料は、情報の多様化や保存蓄積の効率化を実現し、図書館に新しい可能性をもたらした一方で、新たな課題も残した。それは、これらの資料の再生・閲覧用にそれぞれ異なる機材を用意する必要があること、また技術改良にあわせて再生機器も次々と更新しなければならないことである。たとえば、録音資料には、レコード盤、カセットテープ、CD（Compact Disc）、MD（Mini Disc）などがあり、映像資料には、ビデオテープ、LD（Laser Disc）、CD、DVD、BD、映画フィルム、スライド、マイクロフィルムなどがあるが、それらを再生するにはそれぞれ異なる再生装置が必要である。

　新しい形態の資料が主流になっても、図書館は他機関と違って、古い形態の資料や再生機器を簡単に廃棄できない。マイクロフィルムやビデオテープでしか視聴できない貴重な資料・映像も少なくないからである。図書館が多様な情報資源を保持しようとすれば、種類の異なるさまざまな機器を備え使いこなしていく必要がある。古い形態の資料には劣化の危険性もある。現在はコンピュータを用いた情報の多様化と保存の段階にきているが、基本的には同様の課題を抱えていると考えてよいだろう（詳しくは第11章）。

## 2.2　目録作業効率化と機械可読目録

　資料の効率的な検索のために目録がある。目録が各図書館において手作業で作成されていたころは、カード目録が主流であった。まず、図書1冊に対し1枚のカードが用意され、そこに図書を識別するための「書誌事項」が記入される。書誌事項とは、たとえば、タイトル、著者名、版表示、出版地、出版者名、

3

**図1.1　カード目録の例（マンチェスター中央図書館のカード目録）**
（出所）筆者撮影（2010年3月）

出版年、ページ数、大きさなどである。さらに分類記号や購入価格などの館独自の情報が付与され、目録カードができあがる。これを「基本カード」と呼ぶ。基本カードは、複数枚コピーされ、それぞれにタイトル順、著者名順、分類記号順などに排列された（図1.1）。しかし、各図書館が独自に目録を作成することは手間を要し非効率であるうえに、手作業には記入内容の不統一や排列ミスが多いという欠点があった。

　そこで、目録記述の標準化と作業の省力化を目指して、印刷した目録カード（以下、印刷カード）を作成し頒布する取り組みが開始された。この取り組みは「集中目録作業」と呼ばれる。アイディアは次のようなものである。仮に、日本に500の図書館があったとしよう。『広辞苑』は代表的な国語辞典であり、500館すべてが少なくとも1冊は所蔵しているだろう。それぞれの図書館で自館の所蔵する『広辞苑』の目録を作成するなら、500人の職員が同じような目録作業を行うことになる。しかし、どこか1館がこの図書の正確な目録情報を提供してくれれば、残り499館の職員はそれをしなくとも済む。その分、ほかの仕事や利用者サービスに力を注ぐことができる。こうした利点に着目したLC は、1901年に印刷カードの頒布に取り組んだ。日本でも、NDL が1950年に同様の取り組みを開始した[2]。印刷カードの利用は、目録記述の標準化という

---

2）目録作業の機械化が普及し年々印刷カードの利用が減少するなか、この NDL 頒布事業は1998年に廃止された。

点では効果があった。しかし、「費用がかかる」「カードの入手プロセスが煩わしい」「新刊書のカード入手時期が遅い」「カードに館独自の情報を追加修正する必要がある」「NDL未所蔵の図書は対象外のため各館で手書きカードを作成しなければならない」「カード複製や排列の手間は同じである」など、目録作業の省力化という点では不十分であった（図1.2）。

　次に考案されたのは、CIP（Cataloging in Publication）という取り組みである。これは、各館の手作業による目録作成を支援する目的で、1971年にLCが実施を始めた。図書刊行前に出版者はその事前情報をLCに提供し、LCがその目録データを出版者に戻すことで、図書のタイトルページ裏面に書誌事項や分類記号などが印刷されるという仕組みである。これを「CIPデータ」と呼ぶ（図1.3）。CIPは、英国、旧西ドイツ、カナダ、旧ソ連などに広がった。しかし、各国の目録規則には違いがあるため、記述内容の標準化という点ではやや問題があった。また、ページ数や大きさなどは刊行前には未確定のため記載ができず、まれに出版段階で著者やタイトルに変更が生じてCIPデータが実際の図書とずれてしまうこともあり、正確さの点でも問題は残った。

　こうした試行錯誤を経て、目録作業の標準化と効率化を実現可能にしたのはコンピュータであった。1964年、LCは自館の蔵書の目録情報をコンピュータで処理するためのプロジェクトを立ち上げ、1969年には、機械可読目録（Machine-Readable Cataloging：MARC）を完成させた。これは、LC-MARC（後にUS-MARC、現在はMARC21）と呼ばれた。各図書館は、目録情報が記録された磁気テープ形式のMARCを購入し、自館に必要な目録情報の書誌データをMARCから取り込み、そこに配置場所や購入価格などの館独自の情報を追加することで自館の蔵書目録を構築できるようになった。印刷カード購入に比べると目録作業はかなり効率的になった。

　日本では、NDLが1971年にコンピュータを導入しMARC作成を開始した。しかし、日本語の目録をデジタル化するには大きな壁があった。数字やアルファベットと異なり、漢字は構造が複雑で種類も多く、コンピュータで処理することは難題だった。NDLは数年に及ぶ漢字処理の研究開発を経て、1981年

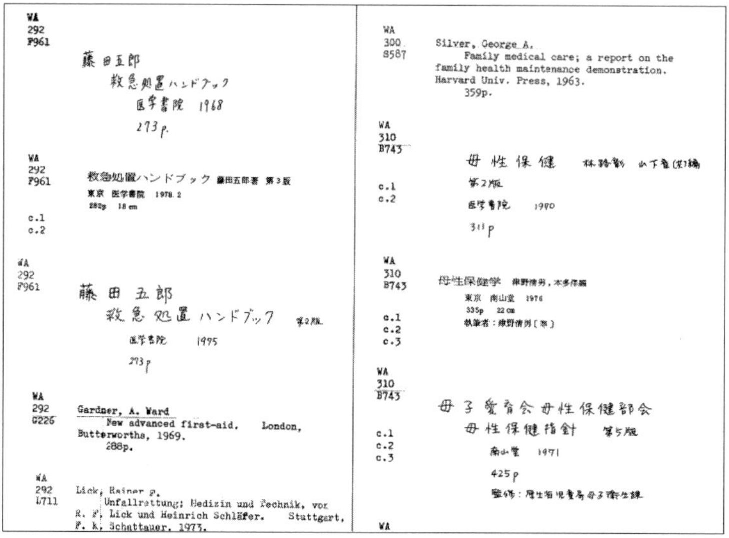

**図1.2　手書目録カードと NDL 印刷カードの例**

（出所）獨協医科大学図書館編集発行『獨協医科大学図書目録：医学・関連領域』1978, 640p. 引用は p.165.

British Library Cataloguing-in-Publication data available

**Library of Congress Cataloging-in-Publication Data**

Richardson, John V., 1949–
　　The gospel of scholarship : Pierce Butler and a critique of
American librarianship / by John V. Richardson, Jr.
　　　　p.　　cm.
　　"Including a reprint of Pierce Butler's An introduction to
library science."
　　Includes bibliographical references and index.
　　ISBN 0-8108-2499-X (alk. paper)
　　　1. Butler, Pierce, 1886–1953.　2. Library education—United
States—History—20th century.　3. Libraries—United States—
History—20th century.　4. Librarians—United States—
Biography.　5. Library science.　I. Butler, Pierce, 1886–1953.
Introduction to library science. 1992.　II. Title.
Z720.B98R53　　1992
020′ .973—dc20　　　　　　　　　　　　　　　　91-45695

**図1.3　CIP データの例**

（出所）*The gospel of scholarship*：*Pierce Butler and critique of American librarianship.* タイトルページ裏面

に所蔵する資料の MARC を完成させた。国内初の日本語による機械可読目録であり、JAPAN-MARC と呼ばれる。NDL は1982年より国内外への頒布を開始した。しかし JAPAN-MARC も、またそれを活用するためのコンピュータもまだ高額であり、中小規模の図書館が予算内でそれらを購入することは難しかった。中小図書館がこうした課題を乗り越えられたのは、パソコンの普及や、取り扱いが簡便な CD-ROM などの開発によってである。

## 2.3　書誌ユーティリティと総合目録

　前項では、図書館業務のなかでもっとも労力を要する目録作業の負担軽減のために、印刷カードの利用が始まり、印刷カード作成の効率化を目指してMARC が開発・頒布される経緯をみた。同じころ、図書館では別の課題にも取り組んでいた。それは、自館の蔵書目録の情報を他館と共有するために総合目録をつくるという課題である。総合目録とは2館以上の蔵書目録を一つにあわせたもので、これを使えばどのような資料がどの図書館にあるかを一覧できる。総合目録の作成は、コンピュータ導入以前から、図書館間のネットワークが比較的整っていた大学図書館分野で積極的に行われていた。

　大学図書館では高額な研究資料や入手困難な専門資料なども必要に応じて収集しなければならないが、一つの館だけでは限界がある。そこで、分担する分野・範囲を決めて資料を収集し、互いの資料を図書館内で貸し借りすることでサービスの質を向上させてきた。総合目録はこうした図書館間の協力に不可欠なものであった。コンピュータの普及前は、毎年、各図書館が過去1年間の受入資料の目録カードや目録情報を担当機関へ郵送するという作業を行った。担当機関は、それらを整理統合して前年の目録に追加修正を施し、カード形式の総合目録を形成するか、あるいは最新版の冊子目録として出版した。時間も労力も要するこれらの作業は、1970年代のオンライン技術の普及によって大幅に改善された。それを促したのは**書誌ユーティリティ**というシステムである。

　書誌ユーティリティは1970年代にアメリカを中心として始まった。前述のように、MARC は目録カードの標準化と作業の効率化を意図して作られた。書誌

ユーティリティとは、これらの MARC をデータベースとして、オンラインに
よって共同目録作業を促進するサービスや機関のことで、別名「書誌情報共同
利用機関」「目録情報提供機関」、近年では単に「目録システム」とも呼ばれる。

　世界最初の書誌ユーティリティは **OCLC**（Ohio College Library Center、現在
OCLC, Inc）である。1967年、オハイオ州立大学図書館を中心に州内54大学図書
館の参加によって、情報資源の共有化と図書館作業の効率化を目的としたコン
ピュータシステムの開発が始まった。書誌ユーティリティは、さまざまな
MARC を通して目録情報を提供するが、蔵書そのものをもつわけではない。
そこで、はじめに多くの蔵書をもつ図書館から目録情報の提供を受け、基本と
なる目録データベースをつくる。OCLC は、当初、オハイオ州立大学図書館
内に本部を置き、同図書館の目録情報をベースにした。

　書誌ユーティリティの仕組みをごく簡単に示そう。仮に、50の参加館がある
としよう。参加館はそれぞれオンラインで OCLC 本部のコンピュータと接続
している。参加館の一つである A 大学図書館が『ハリー・ポッターと秘密の部
屋』を新たに購入したとする。A 館の職員は、本部のコンピュータにアクセス
し目録データベースから『ハリー・ポッターと秘密の部屋』を検索し、その書
誌データ（書誌事項に相当するデータ）を自館のコンピュータにダウンロードす
る。そして配置場所や購入価格などの A 館独自のデータを追加し、自館の蔵書
目録を作成する。その際、本部の目録データベースにも A 館のデータを書き込
む。また『ハリー・ポッターと秘密の部屋』が本部の目録データベースにない、
つまりまだどの参加館もこの図書を所蔵していない場合、A 館は最初の所蔵館
として目録を作成し本部の目録データベースに追加する（図1.4）。こうして50
館が目録情報の借用や追加を繰り返しながら共同で目録作業を遂行し、同時に
自館の所蔵情報を付加していく。この結果、50館の総合目録が作成され、どの
ような資料がどの図書館に所蔵されているかが分かるようになる。

　1971年に開始された OCLC のサービスは、さまざまな MARC の参照や、情
報検索、電子ジャーナル、図書館間相互貸借システム（Inter Library Loan：
ILL）など多様になってきており、2017年現在で世界172カ国、7万2,000以上

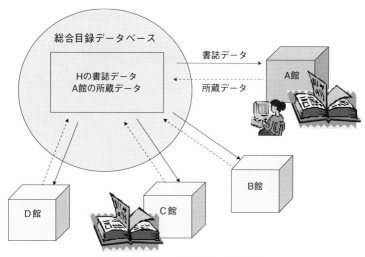

図1.4　書誌ユーティリティの概念図

（出所）筆者作成

　の図書館が利用する世界で最大規模の書誌ユーティリティに発展した。日本の代表的な書誌ユーティリティである **NACSIS-CAT** は、東京大学文献情報センターが国内の大学図書館向けに開発したものである。1985年に本格的サービスが開始され、その後、学術情報センター（National Center for Science Information System：NACSIS）を経て、現在の**国立情報学研究所**（National Institute of Informatics：NII）へ引き継がれた。図1.5は、NACSIS-CAT を介して作成された総合目録 **CiNii** のなかの『ハリー・ポッターと秘密の部屋』に関する書誌情報と所蔵館の例である。

　このように、1970年代には書誌ユーティリティの発展によって、図書館における目録業務の効率化が進み、その結果として総合目録データベースが構築された。同時に、個々の大学図書館の蔵書目録データベースも構築可能になった。また、目録業務ばかりでなく、図書・雑誌の選書や、発注・受入業務、閲覧・貸出などの各種の図書館業務においても、このシステムが有効に活用されていった。こうして、図書館における業務全体がコンピュータシステム化されていき、自館の蔵書目録データベースを用いて利用者用オンライン目録 OPAC

図1.5　NACSIS-CAT を用いて構築された総合目録「CiNii Books」の例
（出所）国立情報学研究所

（Online Public Access Catalog）を提供することも可能となった（図1.6）。

　こうした影響を受け、1980年代末から90年代初めは、図書館業務を担うコンピュータシステムがさまざまに開発され販売された。しかし、当時は大型コンピュータの使用が基本であり、それまで蓄積してきたカード目録情報の遡及入力も含めると導入費用は数億円にも達し、導入後のバージョンアップにも多額の費用が必要とされた。そのため、このようなシステムを導入できたのは主に国立の研究機関や大規模な大学図書館であった。

　この状況の解決に役立ったのはパソコンである。高性能のパソコンの普及に伴い小型のコンピュータシステムが開発されるようになり、小規模な図書館や低予算の図書館でも導入が可能になった。今日では、規模の大小ばかりではなく、公共図書館、学校図書館、専門図書館といった館種の違いにも対応できる多様で柔軟な図書館システムが開発され市販されている。

## 2.4　情報検索システムの機械化

　情報検索システムの構築は、図書館が始まって以来の使命といえる。大量の

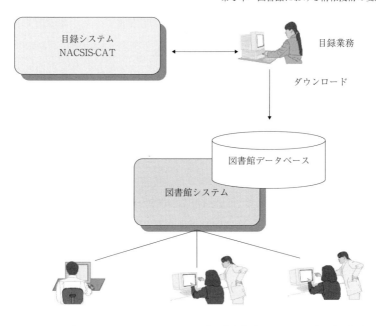

**図1.6　書誌ユーティリティを活用した図書館システム**
（出所）国立情報学研究所「目録システム」（NACSIS-CAT）」http://www.nii.ac.jp/CAT-ILL/about/cat/pdf/about_cat.pdf（2022年2月9日アクセス）

　情報資源を扱う図書館にとって、必要な資料や情報を探し出すための工夫は不可欠である。その意味では、図書館そのものが情報検索システムといえる。また、目録で図書を探す行為や新聞の縮刷版から記事を探す行為も情報検索行為である。しかし、コンピュータと通信技術を取り込んだ検索システムの開発は、図書館にも利用者にも強い影響を与えた。ここでは、そうした狭義の情報検索システムの開発経緯についてたどることにする。

　コンピュータによる情報検索システムが本格的に開発されるようになるのは、1960年代である。その背景には、アメリカと旧ソ連の冷戦のさなか、1957年に旧ソ連の人工衛星スプートニクが打ち上げられ、アメリカが大きな衝撃を受けたという出来事がある。旧ソ連と科学技術分野の発展を競いあっていたアメリカは、科学技術情報の整備・流通の重要性を強く認識し、1960年代後半から70

年代前半にかけて、政府資金によるオンライン情報検索システムの開発を進めた。この時期に開発された **Dialog** はその典型である。Dialog は、1966年にアメリカ航空宇宙局（NASA）のために開発されたシステムが基本となり、1972年に商用目的として提供が開始された。現在、Dialog は世界最大規模の情報検索システムの一つである。さまざまなデータベースが利用でき、科学技術、医学薬学、特許、ビジネス、貿易、産業など、対象とする主題も多岐にわたる。

　ところで、Dialog のオンラインサービスが開始される少し前、アメリカではすでにオフラインによる情報検索システムが構築され稼動していた。その代表例は、1964年に稼動が開始された **MEDLARS**（MEdical Literature Analysis and Retrieval System）である。これは、**アメリカ国立医学図書館**（National Library of Medicine：**NLM**）が開発した医学分野の文献検索システムである。現在、さまざまな情報検索システムが存在するが、MEDLARS の誕生とその発展過程は図書館における情報検索システムの変遷をもっともよく示す例である。そこで、少し詳しくこの経緯をたどってみたい。

　医学分野における学術研究の進歩は早く、研究者は常に最新の研究成果に注意を払う必要がある。しかし、医学分野における論文生産量は他分野と比較して圧倒的に多い。また、臨床医学における研究では、基礎医学分野はもちろん、生物学、人類学、心理学などの医学周辺領域や、社会学、ときには文学や芸術に至るまで関連する学問分野は広範である。膨大な文献群から自分の研究テーマと関連のありそうな文献を探し出すことは容易ではない。そのため、コンピュータによる情報検索システムが誕生する前から、文献検索のための資料が整備されてきた。たとえば、論文記事がどの雑誌に載っているかを調べるための「索引誌」や、索引に加えて論文の概要が分かる「抄録誌」などである。

　医学分野のもっとも代表的な索引誌は *Index Medicus* である。1879年、アメリカ陸軍軍医総監部図書館（Library of Surgeon General's Office, U. S. Army：現在 NLM）から、月刊の最新医学文献索引集として創刊された。しかし、1950年代には医学分野で生産される文献量も膨大になり、月刊誌として期日までに刊行するのが難しくなっていた。また、分野を超えた論文内容が増え、冊子体の索

引誌向けに論文主題を絞り込むことが限界に近づいてもいた。

　他方、索引・抄録誌を利用する図書館の側でも、バックナンバーの保管スペースや、増大する検索作業の量が問題となっていた。それぞれの索引・抄録誌は独自の編集方針や索引方式をとっていたため、利用者は雑誌ごとの検索手法を熟知することに加え、医学分野における専門用語の基礎的理解も必要であった。医学図書館員は研究者からのリクエストを分析し、さまざまな索引・抄録誌のバックナンバーに目を通し、丹念に文献を探す作業を繰り返した。情報検索用コンピュータシステムの開発はこうした図書館現場からも切望されていたのである。

　このような状況のもと、1960年には *Index Medicus* の機械化が図られ、1964年にはそのコンピュータシステム MEDLARS が稼動開始となった。当初はオフライン検索のため、各図書館から NLM に検索を申し込み、NLM が一括検索を行い、それぞれの検索結果を各申込み館に郵送するという仕組みであった。NLM が、双方向性のある世界初のオンライン検索システムとして MEDLARS を始動したのは1968年である。1971年には、MEDLINE という名で本格的なオンラインサービスが開始された。各学問分野や大手新聞社などの索引・抄録誌も次々と検索用データベースとして開発されていった。

　日本においても、1957年、特殊法人日本科学技術情報センター（略称 JICST、現在は国立研究開発法人科学技術振興機構：略称 JST）が発足し、コンピュータによる科学技術文献検索システムの開発に着手した。1976年に JOIS-I（JICST Online Information System）が、また1981年には本格的な商用オンライン情報検索システム JOIS-II が開始された。現在は JDream III へ継承され、日本最大級の科学技術文献データベースとなっている。日本経済新聞社の新聞記事情報検索システム NEEDS-IR も1978年にオンライン化が始まり、日経テレコンという名で普及していった。これらのオンライン情報検索にはデータベース契約料や回線使用料などが必要で、検索に伴う費用は必ずしも安くなかった。利用者にも検索回数やヒット件数に応じた料金が課せられることが多かった。しかし、インターネットの普及によってこの状況にも変化が現れた。NLM は、1996年

の試験的な運用を経て、1997年には MEDLINE をインターネット上で誰でも無料で検索できる PubMed として公開を始めた。

## ③ 新たなサービスの開発と課題

　現在ではごく当たり前の OPAC も、最初は館内のみの公開であった。しかし、インターネットが普及すると、各国の国立図書館が Web 上に自館 MARC を公開するようになった。これによって、利用者は館外からも目録情報の検索が可能になった。現在では、大小さまざまな図書館が自館の公式ホームページ、図書館ポータルから、OPAC の Web 公開はもとより、OPAC 以外の多くの情報を発信している。利用案内や新着情報、講演会・展示会などの行事案内、自館の歴史や収集方針などが公開され、資料のリクエストや予約などの利用者とのやり取りも電子メールを介して行われるようになった。国立図書館や大学図書館などは、これまで利用が限定されていた古書・貴重書・地域資料や、所属研究者の論文などをデジタル化しインターネット上で公開することにより、学術研究活動に幅広く貢献している。**デジタルアーカイブや機関リポジトリ**と呼ばれる取り組みである（詳しくは第12章）。

　公共図書館でも、近年では小説などの電子書籍版を購入しインターネットを介して貸し出しを行う館や、音楽 CD の代わりにインターネット上の音楽配信サービスの ID を貸し出す館が増えている。こうした新しいサービスには、利用面と管理面の双方から注目が集まっている。利用者は、期間内であれば自宅のパソコンやスマートフォンなどからいつでも自由に利用でき、返却の手間もかからない。また、予算の縮小化に悩む図書館では、破損への対応や延滞者への返却依頼などの作業が不要となるとして、管理費・維持費・人件費の削減に期待を寄せている。

　図書館にとって情報技術は、業務を効率化し、サービスの多様化と質を向上させるために不可欠のものであった。図書館における情報技術の応用は、それぞれの段階のなかで求められた結果であり、希望と期待のもとに進められてき

たといってよい。それらの段階をもう一度整理してみよう。

①目録作業の省力化・標準化を目指して MARC が作成された。
②書誌ユーティリティの誕生によって共同目録作業が可能となり、その結果、図書館間相互協力に不可欠の総合目録が構築された。
③学術情報の増大に伴い、検索作業の短縮と効率化を目指してオンライン検索システムが開発された。
④インターネット上で OPAC や所蔵資料の公開が開始され、時間的・空間的制約の少ない図書館利用が可能になった。

　このように、情報技術は資料の収集・組織化・保存・提供といった図書館業務の重要な部分を次々に変革し、従来の図書館が抱えていた課題の解決に大きく貢献してきたことが分かる。その反面、新たな問題も生じるようになった。たとえば、かつての図書館員には専門的な知識や技術が要求されていた。しかし今では、図書館の重要な柱であった資料組織化や検索の業務は、資料や学問分野の知識が乏しくても情報機器の操作技術だけで簡単に行える業務とみなされるようになった。これらの業務は外部委託によって処理されることも多くなり、図書館業務の空洞化も起きている。結局、大量に迅速に正確に業務をこなすという部分は機械が担うことができたとしても、利用者の多様なニーズや質問に対して柔軟かつ的確に応えることができるのは、やはり専門家としての図書館員なのである。これからの図書館には、図書館が担ってきた従来の機能を効率よく果たすだけではなく、より質の高いサービスを提供することに加えて、従来の輪郭では描くことができなかった新しいサービスを創造していくことが求められる。そのためにも、それを担う知識と技術を備えた人材の育成が重要な課題である。

**参考文献**
日本図書館情報学会研究委員会（1999）『情報検索の理論と実際』（論集図書館情報学研

究の歩み　第19集）日外アソシエーツ。

緒方良彦（2010）『情報検索の歴史――日本語処理を乗り越えて』日外アソシエーツ。

長田秀一（2011）『情報・知識資源の組織化』サンウェイ出版。

---

■□コラム□■

### 複雑すぎる図書館システム

　図書館のコンピュータシステムは、大手コンピュータメーカーや、出版社・書籍取次店などの図書館関連企業によって開発された。代表的なものに、IBM の DOBIS（ドービス）、日立製作所の LOOKS（ルックス）、NEC の LiCS（リックス）、富士通の ILIS（アイリス）、丸善の CALIS（キャリス）がある。企業内の給与計算や営業成績処理などのデータとは異なり、書誌データは大量・多様・複雑で、システム設計には細かな配慮が求められた。たとえば、給与計算で処理する人名の長さはほぼ限られているが、図書のタイトルは、「朝」などの短いものから、「余はいかにしてキリスト信徒となりしか」などの長いものまである。図書にかかわる人物も著者が１人の場合もあれば、複数の著者や、翻訳者、編集者、注釈者、校閲者、監修者などがいる場合もあり一定ではない。そのため、図書館システムをいかにうまく構築できるかがメーカーの力量の見せ所であった。

（若松昭子）

| 第2章 | 図書館における情報機器の役割と実際 |
|---|---|

## ① インターネット情報環境

　日本においては、1984年から1991年に国内の学術組織を結んだ研究用のコンピュータネットワークである JUNET（Japan University NETwork）がインターネットの起源といわれている。この頃を境に図書館の現場ではインターネット環境に見合った情報機器の設備投資が積極的に進められた。インターネットが急速に進展した1990年代初め、図書館界では図書、雑誌などの紙媒体資料とともに電子資料を提供する図書館のことを「ハイブリッド図書館」という言葉で呼んだ。新たなメディア環境を踏まえながら多様な情報資源を利用者に提供するハイブリッド図書館のイメージは、2022年となった現在、図書館の現場ではごく普通のサービススタイルとしてすでに定着している。

　電子情報資源の提供、いわゆる図書館電子化の動きはインターネット以前にも存在した。大学図書館などを中心に、図書館同士をオンラインで結んだ資料検索システムや、パッケージ型電子資料として刊行されている DVD（Digital Versatile Disc）の出現などがあげられる。とはいえそれぞれのローカルネットワークを世界規模で結ぶインターネットは、既存のコミュニティと有機的に結び付く下地としてすでに発展当初より欧米の学術出版界を中心に大いに注目されてきたのである。インターネット情報環境のもと、図書館では電子情報資源を含めた多様な情報資源の提供をどのように行っているかという観点からまず図書館業務システムとその機能を捉え、そのシステムとのつながりから電子機器の役割と実際を考えることとする。

# ② 図書館業務システム

## 2.1 図書館業務システムの実際

　図書館業務システムとは、図書館で扱う貸出、利用、予約、目録、発注、受入、会計などの作業をコンピュータで管理するシステムのことである。

　近年の図書館業務システムはユーザインターフェースに Web ブラウザ（Web ページを閲覧するためのソフト）が採用されておりインターネットとの親和性が高くなっている。図書館内のデータだけでなく、インターネットを介して外部データベースとも連動して各種データを蓄積し、分析、加工、発信するものへと変化している。また貸出冊数や蔵書数、利用者数などさまざまな利用統計をとることができる付加価値のあるものとなっている。

　インターネットの進展により汎用化が進んだ図書館業務システムであるが、これまでパッケージのかたちをとることが多かった。ここでいうパッケージとは一般に既成の市販ソフトウェアのことを指している。パッケージ図書館システムは多くの図書館業務で共通した部分を標準化して開発されている。1980年代よりシステム開発会社が市販し、バージョンアップを重ねてきた。開発当初はパッケージ・システムとハードウェアがセットになっていたが、現在はどのメーカーのパソコンであってもパッケージ・システムからの制約を受けることは少ない。既製品のため、導入してすぐ使えるパッケージ・システムであるが、通常は機能の一部を図書館側で調整できるようになっている。パッケージは画面の色具合や文字サイズ、独自のロゴといったある程度の部分でカスタマイズすることができる。また、パッケージ・システム以外に昨今では、海外で開発された Koha[1] や Evergreen[2]、日本国内での Next-L Enju Leaf といったオープンソースソフトウェアが公開されている。

---

1) Koha.　http://www.koha.org/（2021年9月20日アクセス）
2) Evergreen open source library software.　http://evergreen-ils.org/（2021年9月20日アクセス）

## 2.2　図書館業務システムの構成

　図書館業務システムは、貸出、利用、予約、目録、発注、受入、会計といっ
た基本機能に加えて、電子書籍（e-book）や電子ジャーナル（e-journal）といっ
た電子情報資源の閲覧管理、文献複写管理、入退館管理、メールアラート機能、
IC タグなどと連動したシステムも徐々にみられるようになっている。特に電
子情報資源の増加に伴い、図書館業務システムは変革を迫られている。さまざ
まな領域でデジタル化が進むなか、今後、図書館業務システムがどのような方
向に進むのか注視していく必要がある。これについては第15章でも少し触れる。
　さて、そのような変革期にある図書館業務システムだが、現行システムの主
な構成と基本機能についてみていきたい。
　図書館業務システムの構成はクライアント・サーバモデルで稼動しているも
のが多くを占める。サーバ側では図書館業務に必要な蔵書データ、利用者デー
タ、貸出、返却、予約から会計に至る各種データを蓄積、管理している。検索
サーバを他の業務サーバと分けて管理する場合もある。サーバと接続してさま
ざまなデータを取り交わすコンピュータにあたるのがクライアントである。業
務用クライアントと利用者用クライアントに大別することができる。先ほど述
べた通り近年の図書館業務システムはインターフェースに Web ブラウザが採
用されている。クライアント側とサーバ側で処理が切り分けられているため、
クライアント・パソコン側でのトラブルが蔵書データなどに影響を与えること
はない。Web が普及する以前のクライアント・サーバモデルに比べてシステ
ムトラブルに強く、拡張性にも富んでいる。図書館業務システムにおける一般
的なモデル（大学）を次の図2.1で示す。
　図書館業務システムに限らず、あらゆる業務システムで導入されているクラ
イアント・サーバモデルであるが、高速のコンピュータネットワークで一度に
大量の情報交換ができるようになった。
　2000年代に入りクラウド・コンピューティングが各界に広がるようになるの
に呼応して、図書館業務システムをクラウド化する動きがみられるようになっ
た。クラウドというのは、ネットワークをイメージする図版で雲（クラウド）

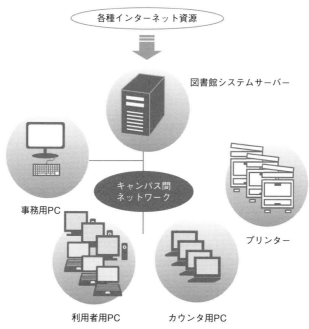

図2.1　図書館業務システム

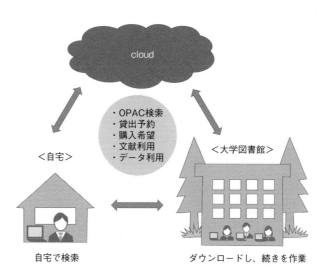

図2.2　クラウド型図書館システム

をよく使うことからきた表現で、ローカルなパソコン上で行う作業や機能を、ほとんどすべてネット上で実現できるようにした環境のことである（図2.2）。インターネットを介して、必要なときに必要な分だけ利用するといった考え方である。クラウド、あるいはクラウド・コンピューティングという言葉は、2006年に、Google 社の CEO であったエリック・シュミット（Eric Schmidt）が提唱したとされる。クラウドについてここでの詳述は避けるが、図書館業務システムをクラウド化させることで、図書館は、ネットワークと端末の準備さえすればサービスを運用することができる。自前のサーバを構築、管理する必要がないことから365日、24時間、運用することが可能となり、サーバ側でのシステム障害を心配する必要がなくなるといった利点がある。さらには、自前のサーバでは必須となる法定停電に伴う作業が不要となり、データのバックアップや消耗品の交換も不要である。

　クラウド型図書館業務システムは、従来型クライアント・サーバモデルに比べ多くのメリットがあることから、今後さらに図書館業務システムへの導入が進むことが考えられる。一方で、クラウドシステムのサービスがトラブルを起こしたときのバックアップの扱いなどは事前に確認しておく必要がある。

## 2.3　図書館業務システムの機能

### (1) 発注・受入

　資料の発注に際してシステム側では購入依頼者、予算、書誌情報（書名・著者名・出版者・刊行年）、資料種別（図書・雑誌・AV 資料）、発注先、受入区分（購入・寄贈）、価格等の管理データを入力して登録する（図2.3）。通常はこうしたデータを登録すると発注書が連動して発行される。発注データは発注先の書店の情報とも連動させることができるため、図書館では各書店の納本情報を確認しながら発注、受入処理を行うことができる。受入が完了すると受入データと連動してバーコードラベルが打ち出される。バーコードラベルは資料本体に貼付され、貸出返却や蔵書点検の際はリーダーでそのバーコードを読み込むことで作業が進められる。

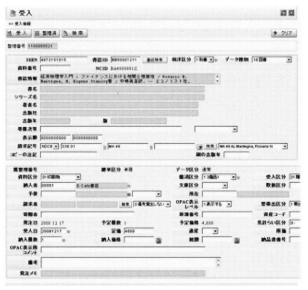

図2.3　図書館業務システム（発注・受入画面）

(2) 貸出・返却・予約

　図書館業務システムを使って資料の貸出や返却、予約を行うことができる。貸出・返却作業はバーコードや IC タグを読み取るだけで自動的に処理される。自動貸出機が設置されている場合、図書館業務システムと自動貸出機が連動しているため、利用者はカウンタでの貸出処理を経ずに資料を借りることができる。自動貸出機については本章の3.2で後述する。それぞれの図書館のルールに従って、資料の貸出期間や貸出冊数の制限を図書館業務システムで設定する。図書館業務システムでは、資料の延滞チェックや延滞者への督促、延滞のリストや督促状などの書式が備わっているので、それらの機能を利用して返却を促すこともできる。さらには、返却予定日の変更や禁帯本の一時貸出、延滞などの理由による貸出停止者の設定、そして予約処理が行えるようになっている。延滞者への督促や予約者へ貸出可となったことの連絡は、ときには利用者の個人情報を扱うことから特にプライバシー保護について注意が必要である。

図2.4　OPAC（オンライン蔵書目録）画面

(3) 目録

　図書館業務システムのパッケージには外部の目録との連係機能が標準装備されている。国立国会図書館や NACSIS-CAT などの書誌データベースに接続して目録データの自動取り込みができるようになっている。各種 MARC（MAchine Readable Catalog）などの形式で、すなわち機械的に処理可能なデータ形式で書誌データを自館の目録に取り込むことができる。もちろん、自館（ローカル）でのデータ作成も容易である。

(4) 資料検索

　図書館業務システムでは、タイトル、責任表示、主題（件名）、出版年などの項目から検索を行うことができる。図書館業務システムでは資料検索に用いるツールのことをオンライン蔵書目録（OPAC：Online Public Access Cataloging）と呼んでいる（図2.4）。Web で提供されることから Web OPAC の語が定着し

ている。キーワード入力をして検索する場合、前方一致、部分一致だけでなくAND、OR、NOT機能を組み合わせることで検索結果を絞り込むことができる。最近は高度な検索機能の搭載により、全文検索、同義語検索や他機関と自館のデータベースの横断検索も快適にこなせるようになっている。図書館業務システムは、雑誌論文などのデータをインターネット上で簡単にリンクさせるための標準フォーマットであるOpen URLなどを介して外部データベースとの連動が進みつつあり、自館の所蔵資料のみの検索に主眼がおかれていた従来型のOPACからは進展を遂げている。今後OPACは電子ジャーナルや電子書籍など電子資料の検索システムとの連携を含め、新たなツールへと発展することが考えられる。

(5) 会計

　図書館業務システムには会計処理のために予算管理、支払管理、精算処理などの基本機能が備えられているのが一般的である。図書館では限られた予算のなかで最適なコレクション構築を実現しなければならないため、媒体を問わず、それらの資料についてどれだけの費用がかかり、どの程度利用されたかといった分析をしなければならない。そのため中央館・分館ごとの資料費や費目別の支出額を年・月・日ごとに一覧できるようになっている。電子書籍や電子ジャーナルなど電子資料の費用対効果とあわせて各会計データからの分析も容易である。

(6) 資料管理

　図書館業務システムが保有する所蔵データと実際に書架に置かれている資料との付け合わせ作業のことを蔵書点検（インベントリ）と呼んでいる。図書館が行う棚卸作業のことである。多くの場合、各資料に貼付されているバーコードラベルをポータブル・バーコードリーダーなどで読み取りながら作業する。資料管理にICタグを導入している図書館では書架から資料を一冊ずつ取り出さなくとも、資料を書架に置いたまま蔵書点検を進められる。ICタグが電波

のやり取りにより資料情報を読み取れるためであるが、これについては第15章
でも触れる。バーコードと IC タグによる蔵書点検では、読み取り性能の違い
から作業量にして 1 時間あたり 5 倍から50倍ほどの差が出てしまう。

　蔵書点検により、書架に資料が置かれているが所蔵データが存在しないと
いったことや所蔵データがあるにもかかわらず資料が見当たらないようなこと
が明らかとなる。こうした蔵書点検の結果から所蔵データの修正を行い、必要
に応じて区分変更や除籍、除籍解除など、所蔵データの修正を行うこととなる。


(7) 統計

　資料の貸出回数や貸出冊数に加えて蔵書数、利用者数、利用傾向、延滞など
の各種統計を一覧にして出力することで図書館運営に役立てることができる。
利用者別、資料の主題別、媒体別に日計及び月計の統計のデータを見ることも
できる。レファレンスの内容や回数の統計を取っているところではそれもあわ
せて利用動向を探ることとなる。図書館ではこうした各種統計をもとにして
時々刻々と変化する利用動向を把握し、図書館で収集する資料やサービス時間
の検討、広報といった運営に役立てているのである。


(8) 電子情報資源（e-Resource）連携

　近年、電子ジャーナルや電子書籍といった e-Resource（電子情報資源）を導
入する図書館が増えている。大学図書館では、1990年代後半から洋雑誌を中心
に電子ジャーナルの購読が一気に進んだ。2000年代になると書籍の電子化が進
み、電子書籍を購読する図書館が増加した。図書館システムでは、これら
e-Resource のデータ（主に Resource の置かれる URL 等を含む書誌情報）を取り込
むことにより、図書館の OPAC から紙媒体の図書、雑誌と同様に検索ができ
るような仕様となっている。データ抽出する際の e-Resource 側の表示画面を
一例として図2.5に示す。抽出された e-Resource データは、図書館システム
に取り込まれることで、利用者は OPAC から紙媒体か e-Resource かを意識す
ることなく、シームレスに検索できるようになるのである。

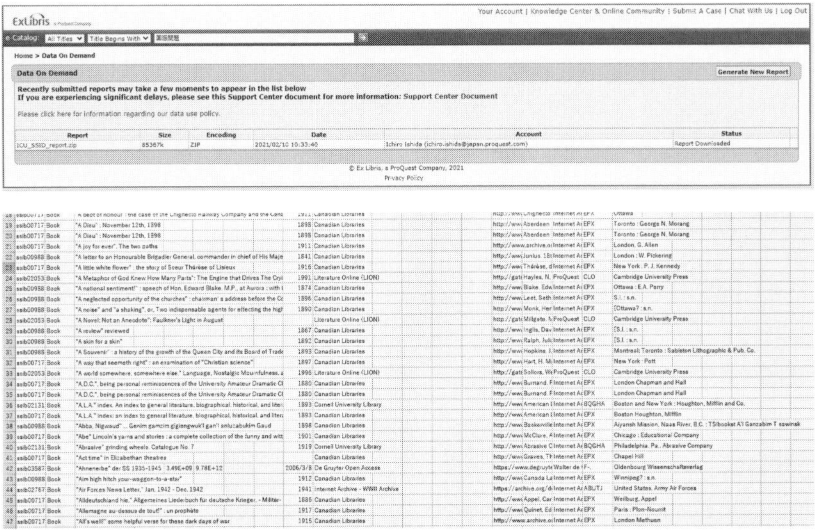

図2.5　e-Resource データの取り込み

(9) 選書ツール連携

　選書とは、『図書館情報学用語辞典』第 5 版の定義によれば、「特定多数の利用者を想定し、一定の蔵書構成を実現するために収集すべき個別の資料を選択すること」である。選書は、紙媒体の資料においては図書館員が書評誌や新刊案内、パンフレットなどのツールを用いる場合と、見計らい図書など現物をみながら選ぶ場合が一般的である。従来の紙媒体を前提とした選書方法に加え、近年では e-Resource も視野に入れた選書がなされている。ここでは、e-Resource で刊行される資料を選書するツールと、図書館システムとの連携についての一例を見ることにする。

　利用者が購入希望する資料の申込窓口となる MyLibrary 機能を有している大学図書館システムは多い。利用者自身の ID、パスワードから MyLibrary に入り、資料の購入申請や、自身の貸出中図書の返却期日の確認などができる。システムによっては、利用者は、この MyLibrary から電子書籍など e-Resource を提供するベンダー・サイトにアクセスして、購入リクエストを出す

こともできる。この場合利用者は資料を選定するにあたり、5 分間限定で試読することができる。利用者の試読後に購入希望の出された資料のデータは、e-Resource ベンダーから図書館側に送られる。図書館スタッフは、ベンダーから送られたデータをもとに購入の可否を検討することになる。その後、利用者には購入の可否がメールで知らされる。購入が決まった資料は、前節でみたように図書館システム側に取り込まれて、OPAC からのアクセス利用が可能となる仕組みである。オンライン上で図書館スタッフが選書するのに加えて利用者が試読しながら直接、購入リクエストを出すことができる点で e-Resource の特徴を生かした新たな選書スタイルということができよう。

　e-Resource の選書の利便性は向上したが、選書は原則を念頭にして行われるべきである。『図書館情報学用語辞典』第 5 版の「選書」の項目には、選書の原則が次のように述べられている。「資料選択（選書）は、収集方針や年度ごとの重点計画にもとづいて行われ、選択基準に従って、個々の資料タイプが図書館の目的に適合するか、資料の有用性と費用対効果はどうか、利用者要求やニーズを充足させるか資料収集の緊急性と優先順位は適正であるかどうかなどを判断して行われる」（『図書館情報学用語辞典』第 5 版，p.125）。

　ここまで図書館業務システムの構成や機能を概観したが、パッケージ・システムはバージョンアップし続けており、インターフェースとなる情報機器も目まぐるしく変化を遂げている。そのため一度導入したシステムであってもかなりの短いスパンで更新、あるいは入れ替え（リプレイス）を視野に入れなければならない。図書館業務システムの入れ替えは入念な打ち合わせと作業が必要となるが、処理可能なデータ形式・項目などが新旧システム間で異なる場合があるため、所蔵データ自体の変換を余儀なくされるケースもある。別環境への移行を視野に入れたデータ設計・管理が事前に必要となる。

# 3 館内機器（主なもの）

## 3.1 入退館機（Check in / Check out Gate System）

入退館機（図2.6）は館種を問わず現在多くの図書館で導入されている。大学図書館では入館する際、入館機にカードを読み込ませるとフラップ（板状の部品）が開いてゲートを通過できる場合が多い。入館機は図書館業務システムと連動しており、カードデータを照合して入館を認められた利用者のみが通行できるようになっている。駅の改札口に設置される自動改札機と挙動は一緒であり、利用者ひとりの通過でフラップは一回開閉する。センサーが稼動しており複数人で通過しようとするとアラームが作動する。磁気カード対応のものからバーコードカード対応、IC カード対応のものまであるが機種によっては Security Gate System の名称が用いられている。Security のキーワードから連想できるように入退館機は、利用者の入退館ステータスを把握することで図書館のセキュリティ強化を図ることができる。また、入館者数や利用者の館内滞在時間等の統計データの収集も可能としている。入退館機のゲートは、通路幅が車椅子でもゆとりをもって通過できるように多くが900mm 以上になるよう設置されている[3]。入退館機は多くの場合、次に述べる貸出手続き確認装置（BDS: Book Detection System）とセットで導入されている。

貸出手続き確認装置（図2.7）は退館ゲートに組み込まれており、利用者が貸出手続きを経ずに資料を持ったまま退館機を通過しようとすると作動してアラームで知らせる。資料の無断持ち出しを防止し、紛失を最小限に抑える効果がある。1990年代より館種を問わず現場への導入が進んだが、導入の是非をめぐり多くの議論があったことも事実である。ここで、そのことには触れないが、前述の蔵書点検の際に明らかとなる不明本の多くの原因が、無断持ち出しによるものであるという事実を図書館は重く受け止めなければならない。また貸出手続き確認装置がどのように精巧な機器であったとしても機械である以上、誤

---

3）障がいをもつアメリカ人法（ADA: Americans with Disabilities Act）に適合している。

**図2.6　入退館機（Check in / Check out Gate System）**
（出所）国際基督教大学図書館（筆者撮影）

作動や故障が付き物であることを踏まえる必要がある。入退館のセキュリティ
には現場スタッフが責任をもって対応することが基本であることに変わりはな
い。

　バーコードラベルで資料を管理している図書館の場合、資料本体にタトル
テープ[4]感知マーカーという特殊な信号を発する磁気テープが挿入されている。
タトルテープ感知マーカーは磁気信号の消去・付加を繰り返しできるように
なっている。資料貸出の際、カウンタスタッフに資料を手渡すと、専用の機械
でタトルテープの磁気が消される。後に述べる自動貸出機で貸出手続きをする
場合も磁気が消される。利用者が貸出手続きを経ていない資料を持って退館機
を通過しようとすると貸出手続き確認装置が反応してアラームで知らせてくれ
る仕組みである。磁気信号で認識するか電波で認識するかの違いがあるものの
ICタグを用いた場合も、原理は同じである。資料の無断持ち出しに対して有

---

4)「タトルテープ」はビブリオテカジャパン社の商標である。

図2.7　貸出手続き確認装置（BDS：Book Detection System）
（出所）国際基督教大学図書館（筆者撮影）

効な貸出手続き確認装置であるが、資料の切り抜きや汚破損、またタトルテープを抜き取られてしまうケースには対応できない。利用者が増えることは図書館にとって喜ばしい限りであるが、残念ながら一部の不心得者が出てしまうことも事実であり、機器に依存するのではなく利用マナー向上への諸活動が現場には求められているといえよう。

### 3.2　自動貸出機（Self Check System）

　自動貸出機には貸出以外に返却機能が付いている機種もあり「自動貸出返却装置」の語が用いられることもあるが、ここでは一般によく使われている「自動貸出機」の名称を用いることとする。自動貸出機は利用者が簡単な操作をすることで自動的に貸出手続きを行うことのできる機器である（図2.8）。

　貸出業務を自動化することで煩雑なカウンタ業務が簡素化されるといったメリットに加えて、利用者にとっては貸出のためにカウンタに並ぶ手間が軽減さ

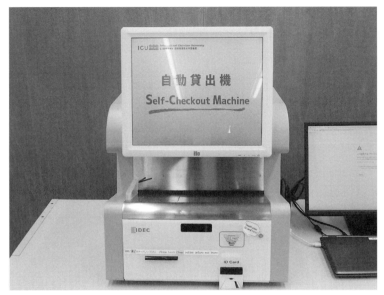

**図2.8　自動貸出機（Self Check System）**
（出所）国際基督教大学図書館（筆者撮影）

れる効果がある。貸出資料をカウンタスタッフに見られることに違和感をもつ
利用者にとっては、フレンドリーな機器といえる。また場所をそれほど取らな
いために館内の省スペースにも貢献する。自動貸出機は図書館業務システムと
連動していることから図書館ではカウンタ貸出と同様に管理できる。資料に貼
付されたバーコードを読み取ってタトルテープ感知マーカーの磁気を消去する
タイプから、1台でICタグとバーコード両方に対応するものがある。繁忙期
には大いに活躍する自動貸出機であるが、設置場所をよく吟味しないと逆に貸
出機の存在が目立たなくなってしまうことがある。設置にあたっては利用者の
動線や資料の排架状況はもとより、機械操作が不案内な利用者に備えてスタッ
フの目の届くエリアに置かれているかといった総合的観点からの吟味が必要で
ある。ここで一般的な自動貸出機の使用手順について触れておく。


　・貸出ボタンを押す（タッチパネルあるいはボタン）

・利用カードを読み込ませる

・資料のバーコード面を上に向けて置く

・2冊以上借りる場合は次の資料に置き換える

・最後に終了ボタンを押す

　このように自動貸出機による貸出処理はきわめて簡単で、処理にかかる時間も大幅に軽減される。なお、自動貸出機には、ロッカー型の無人貸出機がある。ロッカー型の場合、予約本をロッカーに入れることで無人貸出が可能となり、開館時間や休館日に制約されない利用者サービスが実現する。人を介さずに貸出される自動貸出機は、感染症の防止効果があることから世界的な感染拡大となったCOVID-19を契機として図書館への導入がさらに進むことが考えられる。図書館における防疫機器については、第15章でも触れることにする。

　図書館側と利用者側の双方にとって利便性の高い自動貸出機であるが、貸出機に置くことのできない大型資料や特別貸出などは従来通りカウンタでの対応が求められていることを忘れてはならない。

### 3.3　自動仕分機

　自動仕分け機とは返却された資料の一連の仕分け作業を自動で行う設備である。貸出冊数の多い大規模な図書館などでは返却資料の人手を介した仕分け作業は特に時間がかかっている。自動仕分け機は返却された資料をベルトコンベアが自動的に間断なく仕分けしてくれることから返却から排架準備までの大幅な時間短縮が実現する画期的な設備機器である。自動化書庫と同様のロボット技術を代表する自動仕分け機であるが、ICタグの普及に伴い今後さらなる普及が見込まれる。

### 3.4　マイクロフィルムリーダー・スキャナ（資料のストックと活用）

　管理と保存の両面を念頭に置きながら、古版本や古文書類をはじめとする貴重な一次資料の公開・閲覧を考える場合、資料の媒体変換は有効な手立てとな

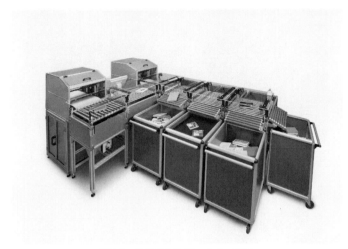

図2.9　自動仕分け機・イメージ図
（出所）日本ファイリング（株）

る。従来、貴重資料の多くはロールフィルムやシートフィルムといったフィルムに媒体変換することで利用に供されてきた。貴重資料のマイクロ化はマイクロ撮影からフィルム現像までを専門業者に委託することがほとんどである。長期保存用として図書館に納品されるマイクロフィルムであるが、フィルムも劣化するため原資料と同様に保存環境を整える必要がある。

　マイクロフィルムは専用のマイクロフィルム・スキャナで画像として読み込むことができる。フィルムをリーダーで閲覧しながら必要な箇所をプリントアウトできることから、マイクロフィルム・リーダープリンタの名称で呼ばれる製品もある。

　これまでマイクロフィルム・スキャナはマイクロフィルムから紙媒体でプリントアウトする機能のみを備えていたが、マイクロフィルム・スキャナとパソコンをつなぐことのできるスキャナが普及している。マイクロフィルム・スキャナで読み込んだ画像データを直接パソコンに取り込むことができるので、利用者からすれば原資料をスキャナで読み取るのと同じ感覚で画像データをストックすることができるのである。

図2.10　マイクロフィルム・スキャナ
（出所）国際基督教大学図書館

　一方で保存・閲覧の両面を維持しながら、マイクロフィルムの劣化といった問題を克服する手段として、近年急速に進んだ電子化の取り組みをあげることができ、一次資料をデジタルデータとしてスキャンして電子的に保存する方法である。電子化されたデータは DVD や Blu-ray Disc といったパッケージ型デジタル媒体で提供されるものや、インターネット上でデジタルアーカイブとして公開されるものもある。デジタルデータを自前のサーバにはおかずにクラウドから提供するケースも増えている。デジタルデータ自体は劣化しないために、電子化による媒体変換は今後さらに進展することが考えられる。デジタルデータは劣化しない一方で、デジタルデータを納める媒体は耐用年数が短いことからデータマイグレーション（データを古い媒体から新しい媒体へ移行すること）も視野に入れておく必要がある。可読性を維持するための記録媒体の保管や管理、組織化を適切に行っていくことに注意しなければならない。

┌─■■□コラム□■■──────────────────────────┐

## 泥の天使たち

　図書館と災害との関係を考えるときに、1966年11月イタリア・フィレンツェで起きた大洪水は被災地の復興を捉えるうえで重要な出来事である。11月3日から降り続いた雨により翌4日朝にはアルノ川が決壊し、世界遺産である古都フィレンツェは水と泥に飲み込まれた。水位は5メートルに達し、街中の図書館、美術館では、400万冊の本と、1万4,000点の美術品が泥を被った。これら被災資料を救うために地元はもとより世界中から専門家をはじめとするボランティアがフィレンツェに集まり、泥をかき分けながら、被災した本や美術品の数々を救い出した。人類の遺産である貴重資料のために泥だらけになって働くボランティアたちは、"Angeli del fango"（泥の天使たち）と呼ばれた。東日本大震災から、すでに10年以上の月日を数える。未曾有の巨大地震にともない多くの図書館が被災したが、資料のため、図書館復旧のために立ち上がった多くのボランティアたちのことを忘れてはならない。どのようなときにも、誰かから促されるのではなく、私たちが自発的に協働し作り上げていく「場」が図書館を支えている。

（久保　誠）

└──────────────────────────────────┘

**参考文献**

植村八潮・柳与志夫編（2017）『ポストデジタル時代の公共図書館』勉誠出版。

田村俊作・小川俊彦編（2008）『公立図書館の論点整理』勁草書房。

原田隆史（2019）「2050年の図書館像：現在と30年前、30年後の図書館システム（特集　平成を振り返る（1））」『専門図書館』295，pp.31-36。

山口由美（2007）「図書館資料の汚破損と無断持ち出しについて」『現代の図書館』45（2）pp.74-79。

# 第3章 コンピュータの仕組みとその歴史

## 1 コンピュータの歴史

コンピュータは、一言でいえば、人間の諸活動を助ける道具である。現代のコンピュータは電気を利用しているが、そうしたコンピュータは、1946年にアメリカで第二次世界大戦の高射砲の弾道計算を行うために開発された ENIAC から始まったとされる。ENIAC は高速で計算ができるが、プログラムを入れ替えるのに配線を組み替えなければならなかった。また部品として真空管を使っていたため発熱量が大きく、装置としても巨大でたいへん高価な機械であった。このような ENIAC に対して、ノイマン（John von Neumann）は、別のコンピュータ方式を提案した。そのコンピュータ方式とはプログラムを記憶装置に格納させて実行させる方式（プログラム内蔵方式）である。この方法によって、プログラムが変わっても配線を組み替えることなく、いろいろな処理を実行することが可能になった。

現在のコンピュータはより小型化・高速化し、さまざまな仕事に使われるようになったが、その構成の仕方は変わらず、ノイマンが示したプログラム内蔵方式に従って作られている。

## 2 コンピュータの動作の仕組み

コンピュータはハードウェアと呼ばれる物理的な装置と、それを動かす命令群としてのソフトウェアがそろってはじめて仕事ができる。プログラム内蔵方式に従って動作するコンピュータは、仕事をするための手順を示したプログラ

ムを記憶しそれを順に実行する。そしてプログラムを換えればさまざまな仕事
ができる。ハードウェアを動かす命令を実行順に書いたものがプログラムであ
る。一つの仕事を遂行するには複数のプログラムが必要であり、このプログラ
ムの集合体がソフトウェアである。同一のハードウェアでもこれを動かす命令
群すなわちソフトウェアが異なれば、違う仕事のために使うことができる。ソ
フトウェアの多様性によって、コンピュータはいろいろな目的に使える道具と
なる。

### ③　ハードウェア

### 3.1　コンピュータの種類

　コンピュータには大型から小型までさまざまな種類のものがあるが、その仕
組みは基本的に同一である。たとえば銀行業務などに利用されているメインフ
レームと呼ばれる大型コンピュータ、中型のワークステーション、小型コン
ピュータとしてのパーソナル・コンピュータ（パソコン）がある。パソコンは
形によってデスクトップ、ノートパソコンなどの種類に分かれる。スマート
フォンやタブレットのモバイル端末もコンピュータの一種である。

### 3.2　ハードウェア構成

　ハードウェアは中央演算処理装置（Central Processing Unit：CPU）、主記憶装
置（メモリ）、補助記憶装置、画像処理演算装置（Graphic Processing Unit：GPU）、
入力装置、出力装置、通信装置からなる（図3.1）。これはどのような種類のコ
ンピュータでも基本的に同じである。

　もっとも重要な装置はCPUと主記憶装置である。コンピュータに対する指
令であるプログラムはメモリに記憶され、その命令をCPUが取り出して解読
し、実行する。CPUやメモリは、マザーボードと呼ばれる基盤に取り付けら
れ、それぞれ端末のケース内に収まっている。記憶装置にはメモリ以外に補助
記憶装置があり、ハードディスク（HDD）、ソリッドステートドライブ（SSD）、

フラッシュメモリ、BD、DVD、CD-ROM などがそれに当たる。

　コンピュータの外からメモリに対してデータを送るのが入力装置であり、キーボード、マウス、バーコードリーダー、POS 端末、スキャナなどがあげられる。メモリや CPU から処理結果を人間に提示するのが出力装置であり、ディスプレイ、プリンタなどがある。通信装置としては、コンピュータ同士あるいはコンピュータをネットワークやインターネットに接続するときに必要な LAN ポート、無線 LAN 装置などがある。

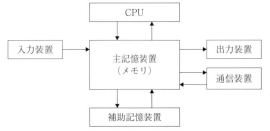

図3.1　ハードウェア構成　（出所）筆者作成

## 3.3　CPU

　CPU はメモリに格納された命令を実行している。この命令は最終的には「0、1」の数字（2進数）で表現されており、この2進数の「0、1」の単位をビット（bit）という。1ビットであれば、「0」もしくは「1」の2通りのデータが表現され、2ビットであれば「00」、「01」、「10」、「11」の4通りが表現できる。ビットと表現できるデータ量の関係は表3.1の通りである。

　ビットの概念を用いつつ、データの容量を表すために用いられるのがバイト

表3.1　ビット数と表現できるデータ量

| ビット数 | 表現できるデータ量 |
|---|---|
| 1ビット | 2通り |
| 2ビット | 4通り |
| 8ビット | 256通り |
| 32ビット | 約43億通り |

（出所）筆者作成

（byte）という単位である。バイトは8ビットを1バイト（B）として表し、記憶容量やソフトのデータ量の大きさの単位としても用いられる。このとき、$10^3$をキロ（K）、$10^6$をメガ（M）、$10^9$をギガ（G）、$10^{12}$をテラ（T）と表記する。ただし、コンピュータにおけるデータ量の単位は2進数を用いているので、実際のデータ量は10進数と2進数の表記の違いから表3.2に表す通りとなるため、販売されている補助記憶装置の容量とコンピュータで表示される容量が異なる場合がある。

　CPUは命令を実行するのに"命令の取り出し"、"命令の解読"、"命令の実行"、"結果の格納"という4段階の処理を決まった時間間隔で行っている（図3.2)。この時間間隔のことをクロックタイムといい、クロックタイムが速ければ速いほど実行スピードは速くなる。クロックタイムの単位としてはHz（ヘルツ）が使われる。Hzは1秒間に何回CPUが作動するのかという単位である。2021年現在パソコンのCPUのクロックタイムは2～3GHzとなっており、たとえば2GHzというのは1秒間に20億回CPUが作動するということである。これはコンピュータの動作の速さを表す性能であり、CPUの種類に依存する。

表3.2　データ量の単位

| 単位 | データ量 |
|---|---|
| B（バイト） | 1 |
| KB（キロバイト） | $2^{10} = 1024$B |
| MB（メガバイト） | $(2^{10})^2 = 1048576$B |
| GB（ギガバイト） | $(2^{10})^3 = 1073741824$B |
| TB（テラバイト） | $(2^{10})^4 = 1099511627776$B |

（出所）筆者作成

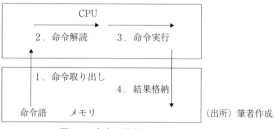

（出所）筆者作成

図3.2　命令の実行

## 3.4 主記憶装置（メモリ）

　記憶装置には主記憶装置（メモリ）と補助記憶装置の二つがある（図3.3）。

　メモリには、仕事を行うための命令と、その作業に使うデータあるいは作成されたデータが記憶される。メモリに書かれている命令やデータを CPU が取り出しやすいように、メモリは CPU と直結している。

　メモリには書き込みと読み出しのできる部分と、書き込みはできず読み出すことができる部分があるが、ほとんどが読み書きできる領域であり、これをRAM（Random Access Memory）という。命令を取り出すときに、どこから取り出せばよいか、あるいはデータをどこに格納すればよいかを特定する必要があるため、メモリにはすべて番地が付けられている。そして記憶装置の容量はバイトで表される。パソコンのメモリは2021年現在、4096MB、8192MB、16384MB といった容量が搭載されることが一般的である。すべてコンピュータの内部の部品は2進数を電気の ON/OFF に変換して扱うことから、2進数に対応して部品をつくると効率がよい。そこでメモリも2進数で表される一定の大きさ（たとえば1024（$2^{10}$））を基準として作られるのである。

## 3.5 補助記憶装置

　しかしながら主記憶装置であるメモリは揮発性がある。揮発性とは電源がOFF にされると、メモリ上の記憶が消えてしまう性質をいう。そのためソフトウェアやデータは、揮発性のない、すなわち記憶が消去されない場所に保管し、使うたびにメモリに載せるようにしなければならない。この電源を OFFにしても記憶が消えない、保管のための装置が補助記憶装置である。

　補助記憶装置からメモリにプログラムを読み出すことをロードするという。反対に保存（セーブ）するというのはメモリにあるデータを補助記憶装置に書き出すことをいう。

　作業の途中でコンピュータが動作しなくなり、電源を強制 OFF したり、再起動したりするとメモリにあるデータは消えてしまう。

　このようにメモリと補助記憶装置のもっとも大きな違いは電源 OFF 時の記

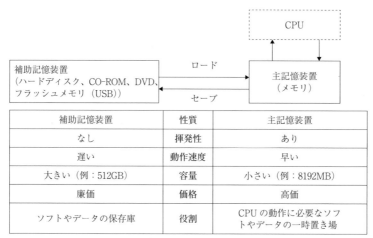

図3.3　主記憶装置と補助記憶装置

憶保持の差である。しかし、それ以外にも違いがある。メモリは、動作速度は
速く、高価であり、容量は小さい、一方、補助記憶装置はメモリに対して、動
作速度は遅く、安価であり、容量は大きい。

　補助記憶装置は記録方式の違いによってそれぞれ特性が異なる。

　磁気利用の記憶装置にはハードディスクがある。ハードディスクは複数枚の
円盤が同じ軸に固定され、円盤に刻まれた円形溝に沿ってデータが書き込まれ
る。この円盤は、動作時に軸を中心に高速で回転し、ヘッドが円盤に近接して
高速かつ水平方向に動き、データを書き込んだり読み出したりする。ハード
ディスクはほこりや振動に弱いため金属製のケースに収められており、落下に
よって壊れることもある。その代わりメモリに対してハードディスクの容量は
格段に大きく、メモリの数百倍の容量を持ち、現在も主要な補助記憶装置とし
て用いられる。

　光利用の記憶装置には CD、DVD、BD がある。これは磁気の代わりに光を
使い、プラスチックの表面にレーザービームを当て、0、1に対応して1の場
所に溝を刻むことによってデータを記録する。この溝の状態をレーザーで読み
取ることによって記録を再生できる。近年ではコンピュータ側に読み取り用の

装置が省略されていることも増えてきた。

　電気利用の記憶装置にはフラッシュメモリ、SSD がある。どちらもメモリを搭載しているが、不揮発性のメモリを使い、データが消えないようになっている。フラッシュメモリはコンピュータの USB ポートに差し込んで使う USB メモリが一般的に用いられており、SSD はハードディスクの代わりにパソコンやモバイル端末に搭載されることが増えてきている。

## 3.6　GPU

　コンピュータが 3 D グラフィックスの表示などの画像処理のために、専用の演算装置を必要とする場合が増えている。廉価なコンピュータでは CPU の中に GPU の機能を備えているものもあるが、3 D グラフィックスや動画編集を行うためのコンピュータでは専用の GPU を備えていることがある。たとえば 3 D グラフィックスは表示のために膨大な計算が必要となるが、CPU だけでは負荷が大きいため、専用の GPU に画像処理の計算処理を任せることで、高速かつ精細な画像表示を可能としている。最近ではバーチャル・リアリティ（Virtual Reality：VR）の表示や、膨大な計算処理が必要な暗号資産（仮想通貨）のマイニングや人工知能の機械学習などでも GPU が活用されている。

## 4　ソフトウェア

　ハードウェアに対して、「いつどのようなデータをいかに処理するか」という命令を与えることによって、はじめてコンピュータは仕事ができる。命令は、プログラムによって与えられる。そしてある仕事をするための一群のプログラムのことをソフトウェアという。

　ソフトウェアには OS（オペレーティング・システム）とアプリケーションソフトウェア（以下アプリケーションと略記する）の 2 種類がある（図3.4）。OS はハードウェアを動かし、コンピュータを構成する装置を管理し、それらを操作するための基本的なソフトウェアであり、アプリケーションは OS 上でそれぞ

| アプリケーション（例：画像処理） | アプリケーション（例：メール） | アプリケーション（例：検索） | アプリケーション（例：文書作成） | ・・ |
|---|---|---|---|---|
| OS（オペレーティング・システム） | | | | |
| ハードウェア | | | | |

図3.4　OS とアプリケーション

れユーザの目的に特化した作業をするためのソフトウェアである。アプリケーションは、OS でハードウェアを動かすことを前提として、そのうえでその固有の仕事ができるように作られている。そのために、コンピュータの道具としての性質は、アプリケーションによって最終的に決まることになる。

## 4.1　ソフトウェアのライセンス

　ハードウェアで利用できるソフトウェアの中には、企業や組織の資源を投入した結果作られた製品であることから価格を付けて販売されているものがある。これらは通常の製品とは異なり無形であるため、その権利の保護の仕方が所有権としてではなく、知的財産権として保護される。開発者あるいは開発した会社が著作権を有する（ソフトウェアは特許権や意匠権、営業秘密としても保護され得る）。そのため、利用者はこれらの著作権者から、使用する権利（ライセンス）を購入して使用する形態が一般的である[1]。著作権者が許諾しない方法でコピーをすることは知的財産権を侵害する行為となり、使用する権利が認められなくなったり、刑事罰を課されたりする場合がある。

　一方、有料ではなく無料で公開され利用できるソフトウェアのことをフリーウェアと呼ぶことがある。

　フリーウェアと似た言葉に、フリーソフトウェア、オープンソースソフトウェアがある。これらは、プログラムの設計図であるソースコードが公開され

---

1）　なお、購入する場合に一定の金額を支払って買いきりとする以外にも、一定期間内の使用料金を決めて定期的に支払い続けるサブスクリプション（購読）という方法が取られる場合がある。

ている。利用者は、ソースコードを改変することでプログラムの動作を改善したり、新しい機能を付与したりすることができるようになっている。つまり、フリーソフトウェアのフリーは「無料」ではなく、利用者が「自由に」ソフトウェアを改変することを含めて利用できるという意味である。

　フリーソフトウェアはアメリカのフリーソフトウェア財団（Free Software Foundation：FSF）がサポートする GNU（GNU in Not Unix）プロジェクトが開発したソフトウェアから始まっている。フリーソフトウェアは GNU プロジェクトによる GNU 一般公衆利用許諾書（以下、GNU ライセンス）と呼ばれるライセンスを採用しており、プログラムの実行、改変、複製物の再配布、改良したプログラムの一般の人々への配布を認めている。ただし、もしあるフリーソフトウェアのソースコードを改変して新しいプログラムを作った場合には、そのプログラムでも GNU ライセンスを採用しなくてはならない。

　一方、オープンソースソフトウェアは上記のフリーソフトウェアに加えて、アメリカのオープンソース・イニシアティブ（Open Sourse Initiative）が定義するオープンソースの定義に沿って、ソフトウェアを自由に使用できるライセンスを有したソフトウェアを含めており、GNU ライセンス以外にも多様な種類のライセンスが採用されている。

## 4.2　ソフトウェアのバージョンとリリース

　ソフトウェアには、多くの場合製品名にバージョン20.10などの記号が付いている。この場合、最後のピリオドの前がバージョンを表し、ピリオドの後はリリース番号を示している。バージョン番号もリリース番号も付け方は開発者に任されているが、一般的にはどの段階の修正が施された製品なのかを表す。

　ソフトウェアは、複数の開発者が書いた複数のプログラムが合わさっていることが多い。製品を世に出すときにはテストを繰り返し、間違い（バグ）を修正して製品に仕上げていくが、何人もの人が作った大きなプログラムの場合には、すべての使い方をチェックすることができず、すべてのバグを完全にとりきることはできないといってよい。そのため、バグの修正や細かな点が改善し

たものをアップデートとして、配布し直す場合がある。また、製品の設計や性
能が大きく変わるときはバージョンアップとして販売、配布されることもある。
特に OS のバージョンアップの場合、それまでに使用できていたアプリケー
ションが動かなくなる場合もあるが、新しい OS が最新のアプリケーションの
動作する条件になっている場合もあるため、それぞれの環境に合わせて個別の
対応をする必要がある。

　また近年では、アップデートやバージョンアップの際にソフトウェアの脆弱
性を改修し、コンピュータへの不正アクセスや、個人データの盗み出しを防ぐ
ためにセキュリティの問題への対応が図られる。そのため、インターネットや
ネットワークに接続する端末で、セキュリティの問題が指摘されている場合に
は、仮に現在の OS やアプリケーションで利用に問題がなくても、バージョン
アップを必ず行わなければならないことには注意をしておきたい。

## ⑤　オペレーティングシステム

### 5.1　OS（オペレーティング・システム）の種類

　ハードウェアの違いに合わせて、さまざまな OS が存在する。パソコン用の
OS としては、Microsoft 社による Windows、Apple 社による macOS、Google
社による Chrome OS、そしてフリーソフトウェアで構成される Linux があげ
られる。またスマートフォンやタブレットなどのモバイル端末では、Apple 社
による iOS、オープンソースソフトウェアがベースとなった Android などが
用いられている。アプリケーションは、OS ごとに開発する必要があるため、
特定の OS 上でしか動かないこともあり、利用の際には注意が必要である。

### 5.2　OS の仕事

　それでは具体的に OS はどのような仕事をしているのだろうか。

(1) メモリの管理をする

　コンピュータが動作するとき、プログラムや処理するべきデータをメモリに
いったん載せる。しかしメモリの領域は限られており、一定の工夫が必要と
なってくる。たとえばプログラムをメモリに載せるときには、メモリの空き領
域を調べ、実際にプログラムがどの補助記憶装置のどこにあるのかを探し出し、
その容量を量る必要がある。もしメモリの空き領域に比べてプログラムの容量
が大きいときには、プログラムを切り分けて順番にメモリに載せる工夫が必要
となる。またプログラムを実行するときに次に記憶装置の何番地から命令を
もってくればよいのか、何番地にデータはあるのか、あるいは得られた結果を
何番地に置くのかを管理する工夫も必要であり、これがメモリ管理によって実
現できている。

(2) CPU の仕事のやり方を調整する

　またプログラムは必ず CPU を使うが、CPU の処理速度は、メモリから命令
を CPU にもってくる速度に比べて速く、また周辺機器からの入力／出力にか
かる速度からみれば一瞬とも思えるほどに速い。この速度の差を考えて、
CPU を空き時間なく働かせるために、OS はユーザの仕事を細切れにして、順
に CPU を使わせる。このことによって、それぞれのコンピュータの各部分が、
仕事がない状態を極力減らし、全体としてコンピュータが有効に働くように設
計されている。

(3) 入出力、通信の管理をする

　OS は、ユーザの仕事の合間に、インターネットや LAN でつながるほかの
コンピュータから入ってくる信号を受け取り、メモリに格納したり、プリン
ターに出力指令を出したりする。このような入出力の管理や通信機能を調整す
ることも OS の仕事である。

(4) ユーザと連携をとる

　さらにユーザとの連携を取るのも OS の仕事である。現在のパソコンやモバイル端末はグラフィカル・ユーザインターフェース（Graphical User Interface: GUI）という機能を備えており、できる作業や文書などが画像やアイコンなどで表現されている。そしてそれをマウスでクリックしたり、画面をタップしたりすることによって仕事を指示できる。これらの操作において必要なアイコンの表示やユーザの指示を解読してその作業を行わせるのも OS の仕事である。

## 6　アプリケーション

　アプリケーションにはメールのやりとりをするメーラー、文章作成、表計算、プレゼンテーション、インターネットを閲覧するためのブラウザ、動画編集、動画編集設計図を描く CAD、データベース管理、印刷物の作成を行う DTP、ゲームなど多様なソフトウェアがある。いくつかのアプリケーションをまとめた統合ソフトウェアパッケージも存在する（Microsoft Office、Adobe Creative Cloud など）。

　あるアプリケーションが作成した文書、画像などのファイルは他のソフトウェアで開ける場合もあるが、互いに互換性がない場合もあるため、他人とファイルのやり取りを行う場合には注意が必要である。

　アプリケーションの入手はインターネット上での配布や、販売店での入手などがある。近年ではそれぞれの OS が備えるアプリストア（たとえば Android の Google Play や iOS の App Store などがある）という仕組みを使い、アプリストア上でダウンロードや購入、購読して入手する方法も一般的となっている。

　最近ではそれぞれの情報端末にアプリケーションをインストールせず、サーバー上に設置されたソフトウェアを、インターネットブラウザなどからアクセスして利用する Web アプリケーションという方式も数多く使われるようになっており、Google ドキュメントやソーシャルゲームのソフトウェアなどがその例としてあげられる。

**参考文献**

矢沢久雄（2003）『コンピュータはなぜ動くのか——知っておきたいハードウェア＆ソフトウェアの基礎知識』　日経 BP 社。

ロン・ホワイト著，ティモシー・エドワード・ダウンズイラスト，トップスタジオ訳（2015）『コンピューター＆テクノロジー解体新書——ビジュアル版』SB クリエイティブ。

---

■□コラム□■

## 文字コード

　コンピュータ同士で文字をやり取りする際には、文字は文字コードという数字に変換されて扱われている。英語の場合は文字数が少ないので、ASCII という一種類で済むが、日本語の場合は現在数種類が用いられている。これは、産業規格で日本語のコードが決められる前に企業で作成したコードが先にできあがってしまい、それが流通したためである。現在では Shift-JIS や Unicode（UTF-8）という文字コードが使われている。SNS でやりとりされる絵文字も以前はいままでは携帯電話会社ごとに異なった定義がされており、会社ごとに違った絵文字が表示されることが多かったが、Unicode で定義されてからはまったく意味の異なる絵文字が表示されることはなくなった。それでもそれぞれの端末によって表示の仕方が異なるため、ニュアンスの違いが生じる場合がある。

（今井福司）

## 第4章

# インターネットの仕組みとその歴史

## ① インターネットと Web

インターネットと Web（World Wide Web）は同じ意味であるかのように使われることも多いが、この二つの用語は別のことを意味している。インターネットはコンピュータが接続されている個別のネットワークが相互に接続された全体の物理的ネットワークを指しており、Web とはインターネットをベースとして、そのうえで文書や画像、動画を配信、閲覧できるように備えられたさまざまな技術的仕組み全体を指す。

世の中にはデータを交換する機器が接続されているネットワークが各種存在する。大学や会社で複数のコンピュータが接続されているネットワーク、あるいは電話のつながる固定電話網や携帯電話網、地域でコンピュータのつながっているネットワークなどがある。インターネットは、これらのネットワークが結ばれた全世界を覆うネットワークであり、いわばネットワークのネットワークであるといえる。

インターネット上では、データを公開したり読んだりすることができる。これができるためにはさまざまな技術が必要であるが、Web とはその仕組みを含めた総称であり、Web を利用すれば広い範囲でデータを閲覧・公開することができることになる。

## ② インターネットと Web の歴史

それではここでインターネットと Web の成り立ちをみていきたい。

インターネットは、1960年代の世界の冷戦構造のなかで生まれた。1950年代の東西冷戦構造のなかで、ソ連が人工衛星の打ち上げに成功したが、これを脅威に感じたアメリカは、軍事利用可能な科学技術を振興する必要性からアメリカの国防（総）省のなかに高等研究計画局（ARPA）を設立した。この ARPA が電話網に替わる新たな情報通信網を作ろうと ARPANET プロジェクトを立ち上げ、研究を始めた。このプロジェクトによって生まれたネットワークが ARPANET であり、これがインターネットのはじまりである。

　1983年には現在インターネットで用いられている共通の通信のプロトコル（TCP/IP）ができ、その手順に従う通信方式をとることによって、どのような機種のコンピュータであれ、ネットワークであれ、接続が可能になった。そのためネットワークは拡大し、コンピュータの接続数が増加していく。

　一方 Web の原形ともいえるべきものは、1991年スイスのジュネーブにある欧州合同素粒子原子核研究機構（CERN）のティム・バーナーズ = リー（Timothy John Berners-Lee）が考案した。バーナーズ = リーは素粒子研究の手段として、共同研究している仲間の間で相互にデータを交換する必要を感じ、そのための仕組み（ハイパーテキスト）を考えた。その後、アメリカのイリノイ大学コンピュータセンター（NCSA）がこの仕組みに改良を加え、簡単に操作できグラフィカルに表示できるソフトウェアとして Mosaic をつくり、それをネット上に無償で公開した。これにより研究者の道具であった Web は一挙に利用が拡大し、一般の人が容易に使える道具となった。1993年ころには世界的に普及し、その後は加速度的にインターネットに接続するコンピュータ数が増え、利用者も増加している。

　日本では、1984年に慶應義塾大学、東京工業大学、東京大学を結ぶ実験ネットワーク JUNET（Japan University NETwork）が作られ、メールやニュースあるいはネットワーク技術の運用実験を行った。この JUNET から、1988年にインターネット研究プロジェクト WIDE が生まれ、このネットワークが1989年にアメリカのインターネットである NFSNET に接続された。その後、このネットワークに接続する民間のコンピュータが増え、1993年のころには商用の

ネットワークが登場し、1995〜96年にはインターネットが一般に普及していった。

3　インターネットの仕組み

## 3.1　インターネットを構成するネットワーク

　インターネットを構成するネットワークには、その規模によって種類がある。図書館や大学のような比較的小さな範囲でネットワークが構築されているとき、これを LAN（Local Area Network）という。また広い範囲をカバーするネットワークを WAN（Wide Area Network）という。WAN は狭い範囲の LAN 同士を接続したり、家庭の端末から LAN に接続したりするために作られている、中レベルの広域ネットワークである。これらの LAN や WAN が相互につながったものがインターネットであるといえる。

　個々のネットワークにはインターネットに接続するコンピュータがあり、インターネットではそのコンピュータ間でデータの送受信が行われている。そのためコンピュータ間には信号を伝える経路が必要であり、これをネットワーク経路という。そしてコンピュータとコンピュータは直接つなげられているとは限らず、中継する機器が途中に必要である。ネットワークをつなげる機器としてはルータがもっとも重要な働きをする。ルータはデータを受け取り、それを目的のコンピュータにつながる次のルータに送り出している。

　図書館や大学内にある複数のコンピュータを接続して利用するためのネットワークである LAN は、サービスを提供するサーバとそのサービスを受けるクライアントから構成するクライアント・サーバモデルをとっている場合が多い。この場合、サーバのコンピュータは LAN 全体のサービスを分担して受けもち、どのクライアントのコンピュータを使ってもサーバのサービスを受けられる。サーバにはいくつかの種類があるが、Web に関係するサービスを受けもつのは Web サーバであり、メールの受発信を受けもつのはメールサーバである。

## 3.2　ネットワーク経路

ネットワーク経路にはケーブルを用いる場合と無線を利用する場合がある。またデータは、電気信号で送られる場合と電気信号を変換した光信号で送られる場合がある。

ケーブルを利用する場合には、電線によって電気信号が送られ、光ファイバーによって光信号が送られる。電線は銅が多く使われ、光ファイバーケーブルは束になった光を通すガラス管である。データの時間あたりの伝送量からみると、電線より光ファイバーの方が高い性能を有している。

ネットワーク経路として無線が使われる場合もある。無線は、電波（マイクロ波）、赤外線、レーザー光などで信号を伝える方式であり、無線 LAN や携帯電話、人工衛星を利用する通信などに用いられている。

なお、通信速度は 1 秒間に何ビット送ることができるかを表す bps（bit per second）で計られることが多い。平均的な伝送速度では、光ファイバーがもっとも伝送能力が高く、次いで銅線ケーブル、マイクロ波の順となる。

## 3.3　インターネットへの接続

インターネットを使うときには、手元のコンピュータがインターネットに接続されている必要がある。現在では、大学や家庭のコンピュータや、スマートフォンなどのモバイル端末を含めて、多くのコンピュータがインターネットに接続されている。インターネットの接続には、回線に接続するためのプロバイダと呼ばれる事業者と契約する必要がある。

## 3.4　IP アドレス

たとえば Web ブラウザ（例：Google Chrome、Safari など）を使って Web ページにアクセスする際、その Web ページを配信している相手側のコンピュータと接続しなければならない。このとき、ネットワークの中で相手側のコンピュータを特定する必要がある。

インターネット上のコンピュータは、世界中のどのコンピュータとも区別で

きる固有の番号をもっている。この番号は IP アドレスと呼ばれ、この IP アドレスを使って相手側のコンピュータの特定を行う。

　IP アドレスの形式には二つの形式があり、2021年現在一般的に使われているのは IPv 4（Internet Protocol version 4）と呼ばれる形式である。この形式では IP アドレスを四つの番号をドットで区切って表す。たとえば「210.128.252.171」といったかたちである。これら四つの番号のうち、それぞれの番号は、0 〜255のいずれかの値を取る。0〜255までの間に番号が制限されるのは、一つの番号が 8 ビット（$2^8 = 256$通り）で表現されているからである。IP アドレス全体では、8 ビットで表される数字が四つ使われているため、4 バイトつまり 32ビットのデータ量で表現されているといえる。このように数字を割り当てていくと、一つの数字で表現できるパターンは256通りであるので、全体として $256^4$（$2^{32}$）、すなわち約43億個の番号をコンピュータに付けることができる。こうした IP アドレスを扱う方式を IPv 4 と呼ぶ。

　だがモバイル端末を含め、日々インターネットに接続しようとするコンピュータが増えており、また家庭電化製品などにも一つひとつ IP アドレスを付けてリモートでコントロールできるようにしようとする動きがある。このままでは、約43億個の IP アドレスでは数が足りなくなることは明らかである。

　そこでこの IP アドレスを32ビットから128ビットにまで拡張する標準仕様が 1995年にまとめられた。この128ビットで表現される IP アドレスを扱う方式を IPv 6（Internet Protocol Version 6）という。IPv 6 では16ビットごとにコロン（：）で区切ったうえで、16進数を用いて表記される。たとえば、2001:0db8: 1234:5678:90ab:cdef:1200:3000という表記が行われる。IPv 6 を用いると使用できるアドレスの数は $2^{128}$（10進数で39桁）に増え、アドレス不足は事実上解消される。既存の IPv 4 と併用させながら、IPv 6 は普及しつつあり、Google の統計によれば、2021年 3 月現在、日本では37％の普及率であることが分かっている[1]。

---

1）Google. "Google IPv6" https://www.google.com/intl/ja/ipv6/statistics.html（2021年 3 月31日アクセス）

## 3.5　ドメイン名

　インターネットに接続されている個々のコンピュータが固有の番号をもって
いるとはいえ、それを人間が覚えて活用するには数字では不便である。そのた
め人間が使いやすいように番号に対応する文字列でコンピュータの名前を決め
る仕組みがある。ドメイン名は、IP アドレスを文字列で表示する役割を担っ
ており、「どこに置かれているどのような組織内の」コンピュータかというこ
とを指している。ドメイン名はドット（.）で区切られた文字列で表され、た
とえば次のように表示される。

　　①電子メールアドレスの場合　example@example.com
　　② Web サイトのアドレスの場合　www.example.com

　電子メールの場合は、@以下がドメイン名である。Web サイトのアドレス
の場合は URL の https://から次のスラッシュが出てくるまでの文字列のうち、
右側からドットを一つもしくは二つを挟んだ文字列がドメイン名に相当する。
たとえば前述の場合、example.com や example.edu がドメイン名である。

　ドメイン名は他のドメインと重なりがあってはならない。ドメイン名のうち、
一番右側の最初のドットまでの文字列をトップレベルドメインと呼び、それぞ
れ管理する組織が決まっており、この組織はその左側のドットで区切られたセ
カンドレベルドメインの管理を行う。たとえば jp のトップレベルドメインを
管理する株式会社日本レジストリサービスでは、co.jp（会社組織）や or.jp（非
営利団体）、go.jp（政府組織）などの組織の形態に応じたセカンドレベルドメイ
ンをそれぞれ設定している。

　ドメインを管理する組織に独自の文字列によるドメインを申し込んだ場合に
は、さらにその左側のドットで区切られたサードレベルドメインを登録するこ
とができる。たとえば、ndl.go.jp であれば、jp がトップレベルドメイン、go
がセカンドレベルドメイン、ndl がサードレベルドメインである。サードレベ
ルドメインについては、申込み順が先の申込者が利用権を得られるため、企業

が開発した新商品の名称について、その企業が取得する前に第三者が占有してしまい、別のドメインを使わざるを得なくなったり、取得した第三者からドメインを買い取らなければならなかったりするということも起こる場合がある。

　ドメイン名がコンピュータの通信で使えるようにするためには、通信するときにドメイン名を IP アドレスに変換しなければならない。ドメイン名と IP アドレスの対応表を持っていてこの変換をするサーバが DNS（Domain Name System）サーバである。このサーバが働いていることで、利用者は、定まったやり方で文字列を指定すれば、それが IP アドレスに変換されて、つなげて欲しいコンピュータとのデータのやり取りが可能となっている。

## 3.6　プロトコル——通信方式

　相手方のコンピュータが分かったとしても、コンピュータ間で通信することはそう簡単ではない。なぜなら、接続されるネットワークにはさまざまな種類があり、そのデータの伝送についての方式が異なっているからである。異なるネットワーク、あるいはハードウェア間で、通信をしてデータを送るためには通信の約束事が決まっている必要がある。この通信のための手順の約束事をプロトコルと呼ぶ。

　プロトコルは 1 層ではなく階層化されている。階層化することによって技術を整理して捉えることができるからである。通信の技術的問題をレベル分けして簡素化し、機能を分担し、通信手順をその階層ごとに決めていけば開発が容易になる。そしてあるレベルでプロトコルをネットワーク間で共通にしておけばそのレベルでネットワークとも接続できる。国際標準化機構（ISO）などがネットワーク間の通信を可能にするためにプロトコルの標準化を図り、その手順を整理し階層化したのが OSI 参照モデルであり、下から物理層、データリンク層、ネットワーク層、トランスポート層、セッション層、プレゼンテーション層、アプリケーション層の 7 層がある。大規模なネットワークで障害が起きたときの診断などで現在も活用されている。

　インターネットでは、この OSI 階層ができあがる以前に、DARPA モデル

と呼ばれる階層構造によって整理されたモデルがすでにあり、この階層によって整理されたプロトコルである TCP/IP が技術者の間では広く使われるようになった。現在インターネット上でさまざまなアプリケーションを使う場合には大半のアプリケーションが TCP/IP のプロトコルを用いて通信を行っている。なお TCP/IP という名称は TCP（Transmission Control Protocol）と IP（Internet Protocol）という二つの主なプロトコルの名前を合わせたものである。

　TCP/IP のモデルは、OSI 参照モデルとは違い、4 層で組み立てられている。ネットワーク・インターフェース層で直接の 2 点間での物理的なデータの送受信が行われ、インターネット層ではデータの送り方やその経路の決定などの作業が担われる。トランスポート層では確実なデータの転送が受けもたれ、アプリケーション層では Web やメールなどのアプリケーションに関する事柄が扱われている。

　TCP/IP は、全体としては複雑なネットワークを介して、送信側コンピュータから受信側コンピュータに、データが誤りなく配達されるように動く。TCP はデータの送受信の両端にあるコンピュータの間でのデータの送り方を制御する仕組みであり、IP はその中間にあるコンピュータあるいはルータを介してデータを送信側から受信側に送り届ける仕組みである。

　実際に送信側のコンピュータから受信側のコンピュータにデータが届けられる手順をみてみよう（図4.1〜図4.3）。

　まず、送信側の TCP は、アプリケーションから受け取ったデータの先頭に正確に通信をするための情報（TCP ヘッダー）を付加する。このときデータ量が大きい場合は小分けにして、その一つひとつに順番を示す番号や大きさも付け加える。そして、送信側と受信側のコンピュータの TCP 同士で、通信できるようにするための信号をやり取りして、通信路を確立する。

　次に、送信側の IP は TCP から受け取ったデータの先頭に送信元と相手側の IP アドレスなど（IP ヘッダー）を付加して、ネットワーク・インターフェース層を通してネットワークに送り出す。

　実際にデータを送るのはネットワーク・インターフェース層の処理にあたる

（1）送信側アプリケーションからの送信要求

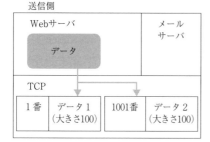

（2）送受信両端のコンピュータ間の通信路の確立

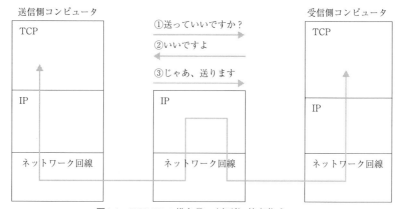

図4.1　TCP/IP の働き①　（出所）筆者作成

（3）データの送受信

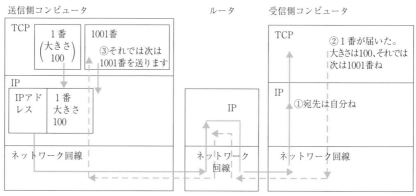

図4.2　TCP/IP の働き②　（出所）筆者作成

(4) 送受信両端のコンピュータ間の通信路の切断

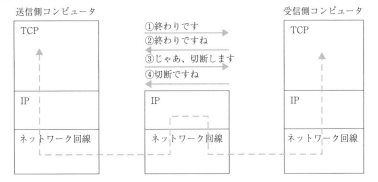

(5) 受信側コンピュータのTCPがアプリケーション層にデータを送る

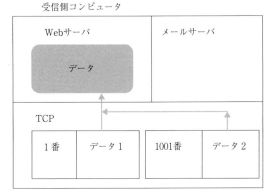

図4.3 TCP/IP の働き③ （出所）筆者作成

が、送信側コンピュータと受信側コンピュータはネットワーク上では直接つな
がっていないことが多いため、これらを経由する仕組みが必要となる。送信側
から送り出された小分けデータ（パケット）は、つながるルータのIPに送られ
る。そのルータのIPがそれぞれ、データの先頭部分に付けられたIPアドレス
を頼りに、受信側のコンピュータに向けて送り出す。途中のルータがそれぞれ
この仕事をすることによって、結局はそれが受信側コンピュータに届けられる
ことになる。

　受信側に届けられた小分けデータはまずIPによって自分宛のものか確認さ

れる。それから TCP 同士が、データが届いたかどうか確認しながらデータを送る。受信側がまず TCP ヘッダーのなかの数字から壊れていないかを確認し、壊れていなかったらその番号（X）と大きさ（Y）を調べ「X 番が届きました」、「次は X ＋ Y 番ですね？」と送信側に送る。その数が合わないときは、送信側はもう一度同じデータを送る。問合せの番号が送信側の次の番号と合致する場合は、次の小分けデータを送信側の TCP が送り出す。このように応答を繰り返すことによって、すべてのデータが正しく受信側に届くことになる。

　データが送り終わると、送受信しているコンピュータの TCP 同士で「終わりですね」と確認して、通信接続を切断する。そして届いた小分けデータは、順番通りに届いていないときは、TCP はその順番に並べる。そして届いたデータの種類に従って、アプリケーション層にある Web サーバやメールサーバに、送られたデータ全体を渡すことになる。

## 4　Web の仕組み

　ここまで物理的ネットワークであるインターネットにおけるデータ伝送の基本技術について説明してきた。本節では、アプリケーション層に位置づけられる Web について取り上げる。

### 4.1　アクセス要求、URL

　Web ブラウザから特定の Web サイトにアクセスするには URL（Uniform Resource Locator）が用いられる。URL は、インターネット上にあるデータの場所を表しており、次のようなフォーマットをしている。

　たとえば、国立国会図書館の Web サイトにアクセスするには、Web ブラウザの URL を記載する欄に https://www.ndl.go.jp/ と書けばよい。

　なお Web ページのリンクを選択して移動するときは、選択した時点でそのリンク先の URL の指定がなされたことになる。

```
          ┌プロトコル
          https://www.ndl.go.jp
                ドメイン名
```

**図4.4　URL のフォーマット**

## 4.2　Web サーバと Web クライアント

　Web を利用するとき、コンピュータ間で単にデータの送受信が行われるだけでは不十分である。相手側のコンピュータと手元のコンピュータとの間に Web サーバと Web クライアントの関係が成り立っていなければいけない。アクセス先のコンピュータは、Web サーバの役割を担っており要求があれば該当する Web ページを送る。一方手元のコンピュータは、Web クライアントである Web ブラウザなどを通すことによって、アクセス要求を出し、送られてきたデータのかたちを整えて表示する働きをするのである。

## 4.3　セキュリティ──暗号化

　Web 上のデータは、さまざまなコンピュータ間を流れるので、経路の途中でデータが取り出され解読されてしまう危険性がつきまとう。そのための危険を回避する手段の一つが暗号化である。

　暗号化は、たとえデータだけが盗まれたとしても解読を困難もしくは不可能にするものであり、さまざまな技術が開発されてきた。なかでも、SSL（Secure Sockets Layer）の後継プロトコルである TLS（Transport Layer Security）は Web 上の通信の暗号化に広く使われている。

　図4.4の例では、通信の約束事であるプロトコルとして、HTTPS という仕組みが使われている。これは Web ページをやりとりする HTTP というプロトコルに、暗号化の仕組みを追加したものである。これによって、クレジットカード番号や個人情報をやり取りする際に途中の通信を傍受されても、データそのものが暗号化され解読が難しくなることから、やり取りの安全性が高まったり、情報を掲載している Web サイト自体のなりすましを防げたりするメリットがある。

　現在では HTTPS ですべての情報をやり取りすることが一般的になりつつあるが、この仕組みを悪用してもっともらしい公式 Web サイトのように振る舞って、情報を盗み出す詐欺なども行われているため、HTTPS による通信であっても個別の操作には注意が必要である。

**参考文献**

きたみりゅうじ（2020）『図解でよくわかるネットワークの重要用語解説』改訂 5 版,
　　技術評論社。
増田若奈・根本佳子著（2018）『図解ネットワーク仕事で使える基本の知識』改訂新版,
　　技術評論社。
山本陽平（2010）『Web を支える技術: HTTP、URI、HTML、そして REST』技術評論
　　社。

---

■□コラム□■

## オンライン会議システムをめぐる混乱

　2020年に発生した新型コロナウイルスの感染拡大対策として、大学に限らず、さまざまな場所でオンライン会議システムが盛んに用いられるようになった。手軽に離れた場所でのやり取りが可能になった一方で、遠隔授業の資料やスクリーンキャプチャを承諾なしにネットに公開して問題になるなど、肖像権や著作権の問題が生じている。新しいシステムが生まれる中で、本来はまったく問題とされていない、オンライン会議での席次やマナーなどが新たに生み出される現象も生じている。新しい仕組みが生まれる中では、こうした混乱は生じやすい。図書館員として情報技術にかかわる場合には、法律や慣習が定めるルールを守りつつも、混乱に振り回されたり不要なルールを利用者にルールとして押しつけたりすることがないように、さまざまな情報源からの情報収集を行いながら、情報のアップデートを常に行うことを強く推奨したい。

（今井福司）

<table>
<tr><td>第5章</td><td>検索システム</td></tr>
</table>

探索アルゴリズム

　求める文献や情報を手に入れるためには、情報探索行動を通じて、それらの存在を確かめたうえで、どこにそれがあるかを突き止めなければならない。特に電子データが盛んにやり取りされる現在では、コンピュータがそれらの情報行動を補助する必要がある。そのためにはコンピュータ上で適切な方法や仕組みを構築し、検索システムをつくり上げる必要がある。本章では、実際にコンピュータの検索システムがどのような仕組みで成り立っているのかを確認していく。

　コンピュータが検索を行う際に用いる方法や計算の手法を探索アルゴリズムという。ここでは、探索アルゴリズムの例として、線形探索、二分探索、ハッシュ法の3つを取り上げる。

### 1.1 線形探索

　線形探索（linear search、または逐次探索（sequential search）ともいう）とは、データに対する検索を行うにあたって、先頭から順に比較を行い、それが見つかれば終了する方法である（図5.1）。

　アルゴリズムが単純なことから、検索プログラムが容易に作れるため、また探索前にデータに対して操作を加える必要がないため、小規模な検索では選択される方法である。自分で作成したワープロソフトの一つの文章などから特定の言葉をみつける程度であれば、十分に実用的である。

　ただしデータの一番終端に見つけるべき結果があった場合、データの個数分

図5.1　線形探索のイメージ　（出所）筆者作成

の比較を行わなければならず、検索に時間がかかる。たとえば一つのデータを検索するのに0.1秒かかるとした場合、10のデータであれば1秒で検索が完了するが、1万のデータから検索する場合には1000秒（約17分）を必要とする。図書館のOPACで、目的の書籍を探すために検索を行い、もし結果の表示までに17分待たなければいけなかったとすれば、検索結果が得られる前に検索を断念してしまうだろう。そのため、結果を高速に表示させる必要がある場合や、大規模なデータ探索を行う場合は異なったアルゴリズムを選択する必要がある。

## 1.2　二分探索

　大規模なデータ探索を行う場合に選択される方法としては、二分探索があげられる。二分探索（binary search）とは探索領域を二分割しながら、探索を進めていく方法である。

　線形探索は探索対象となるデータになにも加工をせずに探索を始めているが、二分探索の場合は、まず全体のデータをあらかじめソート（sort、並び替え）しておく必要がある（図5.2）。

　たとえば、0、2、5、10、14、16、18、19、21、23、25、29というデータで19を探す場合は、まず順番で真ん中に来る18と比較すると、探している数字が18よりも大きいことが分かる。そこで、次に大きな方のグループを2分割（この場合は19、21、23、25、29）し、真ん中の23と19を比較する。すると今度は小さいグループにデータがあることが分かるので、19と21のグループに対して検索を行う（2分割できない場合は切り上げまたは切り捨てで対応する数字から探す。検索のプログラムによってルールは異なる）。こうすると、最大でも4回で19という数字がヒットする。

　レコード件数が増えてもレコード件数nに対して、検索回数は$\log_2 n + 1$

| 10 | 29 | 0 | 2 | 23 | 19 | 14 | 5 | 16 | 18 | 25 | 21 |

↓ソート（並び替え）

| 0 | 2 | 5 | 10 | 14 | 16 | 18 | 19 | 21 | 23 | 25 | 29 |

Q.「19」を探索…データの真ん中である18を見て
それより大きい部分を探せば良いことを確認する。

| 0 | 2 | 5 | 10 | 14 | 16 | 18 | 19 | 21 | 23 | 25 | 29 |

…以降、半分ごとに領域を区切り目的のデータを探していく。

図5.2　二分探索のイメージ　（出所）筆者作成

を超えることはない。たとえばレコード件数が65536件あっても二分探索なら最悪でも $\log_2 65536 + 1 = 16 + 1 = 17$ 回で済むことになる。

## 1.3　ハッシュ法

　ハッシュ法（hashing）とは、ハッシュ関数を使って、索引語を格納する位置を索引語から決定しておき、検索の際に同じ関数を使って検索する方法である。衝突がない場合、理論上は1回で結果にたどり着くことができる。

　たとえば、「A」を文字コードである ASCII で表現すると、65という番号をもっている。このとき、「A」という語を大きさ10の表に記録する場合を考えると、この65という数字を使って「65÷10＝6余り5」のように計算し、この余りの値を用いて 5＋1＝6 番目の位置に格納することが考えられる。すなわち、ハッシュ関数を $h$ で表記すれば、$h$（"A"）＝ 6 である。検索の際にも、ハッシュ関数にもとづいて探索すれば、Aが6番目の位置に格納されていることが分かるので、1回でたどり着けることになる。

　ただし前述の例では、「K」の ASCII 上の番号は75なので、上記の計算式ではKを格納する場合、Aと同じ6番目の位置にKも格納されてしまう。これを衝突といい、この場合はデータを1個ずつ比較する線形探索の方法をとらなければならない。

データの衝突がなければ、高速に検索を行うことが可能であり、事前のソートを行う必要がないため、検索システムではよく用いられる方法である。

## ② 検索の種類

### 2.1 索引付与

　文字数が多い文書から目的の言葉を見つけるのは、コンピュータと人間の違いにかかわらず、何らかのヒントがなければ、短時間で探すことは難しい。人間が文書をファイリングしたり、書籍をテーマごとに棚に配置したりすることで、文書や書籍を探しやすくするように、コンピュータも集めてきたデータに対して何らかの加工によってヒントを構築しておくと、短時間で目的のデータを見つけることができる。

　そのヒントの代表例としてあげられるのが、索引である。索引とは単行書や雑誌、その他の資料、情報源を対象として、その中の特定部分に容易にアクセスできるよう、アクセスの手がかりとなる語（見出し語）を一定の規則（五十音順やアルファベット順など）で排列し、各見出しのもとに該当する情報の所在指示を記載したリストのことである[1]。

　索引が付与されていれば、検索のたびにすべてのデータを線形探索ではじめから検索することなく、目的のデータを高速で選び出すことができる。その一方で、データを収集してから何らかの加工を必要とするため、索引作成の時間が必要となる。また人の手で索引を付与している場合は、費用などの追加のコストが必要となる。

　コンピュータの索引付与は、まずシステムの中で索引付けの対象となる文章を収集し、テキストデータへの変換を行うことから始まる。対象となる文章はシステムによって異なる。たとえばインターネット上の検索エンジンでは、インターネット上に公開されているWebページが、個人のコンピュータではコ

1）日本図書館情報学会用語辞典編集委員会編（2020）「索引」『図書館情報学用語辞典』第5版，丸善出版。

ンピュータに保存されているデータが、図書館の OPAC ではサーバに登録されている書誌情報がその対象となるデータである。

## 2.2　形態素解析システム

　それぞれのデータからテキストデータを取り出したら、それぞれのデータから索引語の抽出を行う。英語であれば、それぞれの言葉と言葉の間にスペース（空白）が含まれるため、スペースを手がかりに言葉を切り出して索引語とすることができる。一方、日本語は言葉の間にスペースが含まれないため、そのままでは言葉の切り出しができない。そこで、形態素解析という仕組みを用いて、文章を意味のある単語に区切り、辞書を利用して品詞や内容を判別する方法が用いられる。形態素解析のシステムとしては、日本語のものはオープンソースで開発されている MeCab、京都大学大学院情報学研究科知能情報学専攻の黒橋・河原研究室による JUMAN、プログラム言語 Python 用の辞書を内包した Janome がある。なお、英語についても、スペース区切りはあるものの、品詞の解析などのために形態素解析のシステムが開発されており、TREE TAGGER、NLTK がよく知られている。

　MeCab で宮沢賢治の小説「セロ弾きのゴーシュ」の冒頭について、形態素解析を行うと、表5.1の通りとなる。品詞判定や読みの判定が行われたうえで単語の切れ目が判定されており、「ゴーシュ」や「けれども」といった言葉が切り出され、名詞や接続詞と判定されている。このように形態素解析を行って切り出された言葉が索引語の候補となる。

　索引があれば、データ中のどの言葉にもアクセスできるようになるため、形態素解析システムで、すべての言葉に対して索引を付与することが効率的であるかのように思われる。しかし、実際にはすべての言葉を索引語としてしまうことは検索のノイズを増やす原因であるため、いくつかの語をストップワードとしてあらかじめ除外することが通常である。ストップワードとして設定される言葉は、英語では前置詞・冠詞・接続詞があげられる。たとえば a、an、for、in、the などがある。日本語の場合は助詞や助動詞にあたる、「の」や

「は」などがストップワードとして設定される。

表5.1　形態素解析システムの例（MeCab による）

| 表層形 | 品　詞 | 細分類1 | 細分類2 | 細分類3 | 活用型 | 活用形 | 原　形 | 読　み | 発　音 |
|---|---|---|---|---|---|---|---|---|---|
| ゴーシュ | 名詞 | 一般 | * | * | * | * | * | * | * |
| は | 助詞 | 係助詞 | * | * | * | * | は | ハ | ワ |
| 町 | 名詞 | 一般 | * | * | * | * | 町 | マチ | マチ |
| の | 助詞 | 連体化 | * | * | * | * | の | ノ | ノ |
| 活動 | 名詞 | サ変接続 | * | * | * | * | 活動 | カツドウ | カツドー |
| 写真 | 名詞 | 一般 | * | * | * | * | 写真 | シャシン | シャシン |
| 館 | 名詞 | 設備 | 一般 | * | * | * | 館 | カン | カン |
| で | 助詞 | 格助詞 | 一般 | * | * | * | で | デ | デ |
| セロ | 名詞 | 一般 | * | * | * | * | セロ | セロ | セロ |
| を | 助詞 | 格助詞 | 一般 | * | * | * | を | ヲ | ヲ |
| 弾く | 動詞 | 自立 | * | * | 五段・カ行イ音便 | 基本形 | 弾く | ヒク | ヒク |
| 係り | 名詞 | 一般 | * | * | * | * | 係り | カカリ | カカリ |
| でし | 助動詞 | * | * | * | 特殊・デス | 連用形 | です | デシ | デシ |
| た | 助動詞 | * | * | * | 特殊・タ | 基本形 | た | タ | タ |
| 。 | 記号 | 句点 | * | * | * | * | 。 | 。 | 。 |
| けれども | 接続詞 | * | * | * | * | * | けれども | ケレドモ | ケレドモ |
| あんまり | 副詞 | 助詞類接続 | * | * | * | * | あんまり | アンマリ | アンマリ |
| 上手 | 名詞 | 形容動詞語幹 | * | * | * | * | 上手 | ジョウズ | ジョーズ |
| で | 助動詞 | * | * | * | 特殊・ダ | 連用形 | だ | デ | デ |
| ない | 助動詞 | * | * | * | 特殊・ナイ | 基本形 | ない | ナイ | ナイ |
| という | 助詞 | 格助詞 | 連語 | * | * | * | という | トイウ | トイウ |
| 評判 | 名詞 | 一般 | * | * | * | * | 評判 | ヒョウバン | ヒョーバン |
| でし | 助動詞 | * | * | * | 特殊・デス | 連用形 | です | デシ | デシ |
| た | 助動詞 | * | * | * | 特殊・タ | 基本形 | た | タ | タ |
| 。 | 記号 | 句点 | * | * | * | * | 。 | 。 | 。 |

## 2.3　転置インデックス

　索引語が選定できたら、索引語が文章中に何回出現したかという情報を整え
ておく必要が生じる。一般的には検索システム上では、入力された検索語から
データが格納されているレコードを探す。たとえば、次の3つのレコードが
あったとする。


　　レコード1　公共図書館における情報技術活用
　　レコード2　インターネットを通じた情報発信
　　レコード3　学校図書館のインターネット活用


　ここで、「インターネット」という言葉を検索した場合には、レコード1が
ヒットするかしないかをみて、以下2、3と移っていく。3件だから非常に単
純にできるように思われるが、たとえば1万件を当たる場合には処理に必要な
時間が多くかかってしまう。

　そこで、それぞれの索引語を切り出して五十音順に並べ替え、どのレコード
に含まれているかを対応させたのが転置インデックス（Inverted Index）である
（表5.2）。

　転置インデックスが存在すれば、索引語がどのレコードに含まれているかを
即座に判断できるため、検索結果を迅速に表示することが可能になる。また検

**表5.2**　転置インデックスの例

| 索引語 | レコード1 | レコード2 | レコード3 |
|---|---|---|---|
| インターネット | | ○ | ○ |
| 学　校 | | | ○ |
| 活　用 | ○ | | |
| 技　術 | ○ | | |
| 公　共 | ○ | | |
| 情　報 | ○ | ○ | |
| 図書館 | ○ | | ○ |
| 発　信 | | ○ | |

索結果の一覧を表示するためにも利用することができる。

## 2.4　TF-IDF

　ここまでの手続きでデータに含まれる索引語について取り出すことができた。実際の情報検索システムでは、これに加えて索引語がデータの中でどの程度重要であるかについて評価を行っている。具体的には索引語がデータの内容に密接に関係している場合、その索引語は重要な索引語とみなすような方法がとられている。索引語の重要度を決定する方法としては、たとえば TF-IDF（Term Frequency-Inverse Document Frequency）がある。

　これは、ある索引語がデータ中に何回出現するかを算出した索引語頻度（Term Frequency）と、その索引語が全データの中でどの程度出現するかを算出した逆文書頻度（Inverse Document Frequency）によって、算出される。単に索引語がデータの中で何回登場するかを評価するのではなく、その索引語が他のデータと区別できる言葉か、そうでないかを含めて評価している。こうした TF-IDF などの方法を用いて、実際の検索システムでは順位付けを行っている。具体的な算出方法は参考文献を参照して欲しい。

## 2.5　n-gram

　ここまで形態素解析システムを前提とした索引語の選定を紹介してきたが、近年ではコンピュータの処理速度が向上したことにより、形態素解析システムを用いることなく、任意の文字数をすべて切り出してそのまま索引語とする n-gram という仕組みが使われる場合がある。たとえば bi-gram（bi は 2 という意味）の場合、テキストデータから 2 文字ずつ切り出す仕組みである。この場合、もし「図書館情報学」というデータがあったら、「図書」、「書館」、「館情」、「情報」、「報学」という切り出しが行われる。これにより、形態素解析システムを使わずとも索引語をつくることができるようになる。ただし、「東京都」という言葉から、「東京」と「京都」という索引語が切り出されてしまい、「京都」について探そうとした際に「東京都」のデータがヒットしてしまう欠点が

ある。そのため、実際のシステムでは形態素解析システムの結果と組み合わせ
て使用したり、後述する検索の評価を組み合わせて間違ったデータが表示され
たりしないようにする工夫が行われている。

## 2.6　タグを用いた索引

　対象とするデータから索引語を収集する方法が、検索システムでは一般的で
あるが、異なる方法で索引語を設定する方法がとられることがある。

　たとえば図書館の業務で一般的に用いられている日本図書館協会の『基本件
名標目表』による件名付与は、あらかじめ存在する件名のリストから検索語を
選定してデータに付与する作業である。図書館の OPAC による検索システム
においては件名によって検索できる仕組みが取られていることを踏まえると、
目録作成作業の一環で行われるため、意識されることは少ないが、件名付与は、
索引語の設定作業としてもみなすことができよう。

　また最近では利用者自身に索引語を付与してもらうソーシャルタギング（so-
cial tagging）という方法がとられることがある。これは個別のデータに対して、
結果画面などにそのデータを指し示すキーワードを自由に書き込めるようにし、
書き込まれたキーワードが付与されたデータをまとめて表示できるようにする
仕組みである。この仕組みを設けることで、システム提供者側で気がつかない
ような結果表示を行うことが可能となる。インターネット上に公開されている
コンテンツ検索などでは、広く導入されている。

## 2.7　論理演算（ブーリアンモデル）

　実際の情報検索では、単一の索引語のみを探すだけでなく、複数の索引語を
組み合わせて検索を行う場合がある。たとえば、ある索引語で検索した結果、
検索結果が多数表示されたので、追加条件として異なる索引語を加えて、検索
結果の絞り込みを行うといった場合である。

　こうした検索に備えて、検索システムではブール代数にもとづく論理式を使
い、二つ以上の検索語を AND、OR、NOT の演算子を用いて検索できるよう

にするシステムがあったり、異なる検索語をスペースで区切って入力すると
AND 検索となるようにするシステムが存在する。

　演算子は、二つの検索語を検索する場合には次のように動作する。まず
AND では、両方の検索語を含んだ結果のみが表示される。OR の場合は、二
つの検索語のうちどちらかを含んでいる結果が表示される。NOT の場合は一
つめの検索語の結果から、二つめの検索結果を除外した結果が表示される。

　近年、検索システムによってはこうした演算子を搭載していないシステムも
みられるが、情報検索を効率的に行うためには有用であるため、操作方法につ
いてはぜひ身につけておきたい。

## ③　検索の評価

　ここまで検索の仕組みを紹介してきた。検索システムを継続して提供してい
く中では、利用者が求める情報が提供できたかどうか、そして利用者が効率的
にそれらの情報を得ることができたどうか評価することが必要となる。以下で
は検索システムにおける評価について、いくつかの指標を紹介したい。

### 3.1　精度（適合率）・再現率・F 値

　大規模なデータに対する情報検索が一般的になる以前には、再現率（recall）
と精度（precision、適合率とも呼ばれることがある）という指標が一般的に用いら
れていた。

　再現率とは一回の検索で、必要とされていたデータをどれだけ検索できたか
を示すものであり、いわゆる「検索漏れ」をどの程度少なくできたかを示す指
標である。

　精度とは一回の検索で得られたデータの中で、必要とされていたデータがど
れだけ含まれていたかを示すものであり、いわゆる「検索ノイズ」をどの程度
少なくできたかを示す指標である（図5.3）。

　一般的には一回の検索結果に含まれるデータの数を多くすれば多くするほど、

$$再現率 = \frac{検索された適合データの数}{適合データ数}$$

$$精度 = \frac{検索された適合データの数}{検索されたデータの数}$$

図5.3　再現率・精度を求める式

$$F値 = \frac{2}{\dfrac{1}{再現率} + \dfrac{1}{精度}}$$

$$= \frac{2 \times （再現率 \times 精度）}{再現率 + 精度}$$

図5.4　F値を求める式

再現率は高くなる傾向にあるが、この過程では「検索ノイズ」が多く生じることになる。また精度についても正解と思われるデータだけを選んで表示すれば高くすることができるが、いわゆる「検索漏れ」が生じる可能性が高くなる。そこで、再現率と精度を両方考慮した指標として、再現率と精度の調和平均[2]を取ったF値が評価の指標として用いられる（図5.4）。F値では再現率と精度のバランスが取れているかどうかが分かるだけでなく、単一の評価値が得られるメリットがある。

### 3.2　平均精度

　インターネット上の情報など、大規模なデータに対する情報検索が一般的になってくると、日々データが追加されてしまうことから、データの総数がどれだけかが把握しにくくなるだけでなく、必要とされていたデータがどれだけ存在していたのかを把握することも難しくなった。そのため、検索結果表示のランキング上位で、どれだけ必要なデータを表示することができたかが評価の指標となっていった。

---

2）単なる数値同士の平均ではなく、率同士の平均であるため、算術平均ではなく、調和平均を取る必要がある。

表5.3　平均精度の算出例

| 検索システムA | | | 検索システムB | | |
| --- | --- | --- | --- | --- | --- |
| 順位 | 適合○／不適合× | 精度 | 順位 | 適合○／不適合× | 精度 |
| 1位 | ○ | 1/1＝1 | 1位 | × | ― |
| 2位 | ○ | 2/2＝1 | 2位 | ○ | 1/2＝0.5 |
| 3位 | × | ― | 3位 | × | ― |
| 4位 | × | ― | 4位 | × | ― |
| 5位 | ○ | 3/5＝0.6 | 5位 | ○ | 2/5＝0.4 |
| 6位 | × | ― | 6位 | ○ | 3/6＝0.5 |
| 7位 | × | ― | 7位 | × | ― |
| 8位 | ○ | 4/8＝0.5 | 8位 | × | ― |
| 9位 | × | ― | 9位 | × | ― |
| 10位 | × | ― | 10位 | ○ | 4/10＝0.4 |
| 合計 | | 3.1 | 合計 | | 1.8 |
| 平均精度：3.1/4＝0.775 | | | 平均精度：1.8/4＝0.45 | | |

＞

　そうした指標の一つとしてあげられるのが、平均精度（average precision）である。平均精度とは、通常はランキング1000位までを対象として、求めるデータがどれだけ上位に表示されたか、そして1000位までの間にどれだけ多く、求めるデータが表示できたかを表す指標である。

　具体的には以下の方法で算出する。まず、検索結果ランキングの上位からそれぞれのデータを確認していき、適合すると思われるデータについてその位置までの精度を計算しておく。これを通常は1000位までそれぞれ繰り返し計算して合計する。最後に、得られた合計を適合したデータの数で割る。こうして得られたのが平均精度である。表5.3は、きわめて単純化した例だが、検索システムAとBの平均精度を比較したものである。ここでは、10件のデータ集合のなかに4件の適合データが含まれると仮定している。表からは、検索システムAの方がより上位に適合文献を出力することができているため、検索システムBよりも平均精度が高くなっていることを確認できる。これ以外にも多くの検索評価指標が存在するが、算出方法も含め、詳細は参考文献を参照して欲しい。

**参考文献**

内田臣了（2019）「「いい検索」とはなにか？検索システムのしくみと評価指標を解説」
　　https://logmi.jp/tech/articles/321195（2021年 5 月20日アクセス）

岸田和明（2011）「情報検索における評価方法の変遷とその課題」『情報管理』54（8），
　　pp. 439-448。

前田亮・西原陽子共著（2017）『情報アクセス技術入門——情報検索・多言語情報処
　　理・テキストマイニング・情報可視化』森北出版。

Tim Bell, Ian H. Witten, Mike Fellows 著，兼宗進監訳（2007）『コンピュータを使わな
　　い情報教育——アンプラグドコンピュータサイエンス』イーテキスト研究所。

┌─ ■□コラム□■ ─────────────────────────────

### 図書館員はどこまで情報技術に長けているべきか

　大学の授業を担当していると「なぜ情報技術を図書館員が知らなければいけないの
か分からない」というコメントが寄せられることがある。初学者にとって、図書館は
印刷物を扱うところで、情報技術については範疇外のようなイメージがあるのかもし
れない。しかしながら、これだけインターネットが一般的になり、図書館業務におい
て OPAC を始めとして情報技術が不可分になっている。そして何より利用者が触れ
る情報は印刷物だけでなく、電子媒体の情報も当たり前のように接する状況になって
いる。そのような中で、もし情報技術を学んでいなかったことで、本来であれば利用
者に対して提供できたかもしれない情報が提供できなかったとしたら、それは利用者
の求める情報を提供する図書館の目的に反してはいないだろうか。得意不得意はあっ
たとしても、情報技術という道具を使えるようにすることは、今後図書館で働く専門
職にとっては不可欠の知識やスキルであろう。

（今井福司）

<table>
<tr><td>第6章</td><td>データベース</td></tr>
</table>

## 1 データベースの仕組み

### 1.1 データベースとは

図書館では、所蔵している資料の書誌データをはじめとして、利用者データ、貸出データ、購入・受入データなど多種多様なデータを保持している。これらのさまざまなデータはただ保存されていればよいわけではなく、必要なときに必要なデータを取り出して利用できるようになっていなければならない。こうした利用を可能にするために、体系的に整理されて管理されているデータの集合を**データベース**という。データベースを管理するためのソフトウェアがDBMS（Database management system）である[1]。

データベースにはその拠って立つデータモデルによって、階層型、ネットワーク型、リレーション型などがあるが、現在一般的に広く使われているのはリレーション型のデータモデルにもとづく**リレーショナルデータベース**（RDB）である。本章では主に RDB を対象にデータベースの仕組みについて解説する。なお、雑誌記事、新聞記事やその他のデータを検索できるサービスのことも「データベース」と呼ぶことがある。これらは背後にデータベースをもった検索等のサービスであり、ここでは「データベースサービス」と呼んで区別することとする。

---

[1] 著作権法第2条第1項第10号の3ではデータベースを「論文、数値、図形その他の情報の集合物であつて、それらの情報を電子計算機を用いて検索することができるように体系的に構成したもの」としている。検索という要素が入っているが、利用できるようにするために体系的に作られているという点では同じである。

## 1.2 RDB

RDB はデータを行と列からなる 2 次元の表に格納し、表と表とを関連付けることによって、収録されているデータを整合的に管理するデータベースである。商用の RDBMS として Oracle Database、SQL Server などがあり、オープンソースの RDBMS としては PostgreSQL、MySQL などがよく知られている。

(1) テーブル

RDB でデータを格納する表のことをテーブルと呼ぶ。テーブルの各列がデータ項目となる。テーブルを作成する際に、あらかじめ列の名前を定義し、どんな種類のデータを格納するか定義しておかなければいけない。ここで定義されるデータの種類のことをデータ型と呼び、文字列型、数値型、日付型等がある。文字列型では、格納可能な最大の文字数を定義する必要がある。数値型には管理する数値の精度に応じて、整数型、浮動小数点型などの種類がある。こうした定義を事前にしておかなければいけない点が、表計算ソフトで作成する表との違いである。

各列に対して存在し得るデータの任意の部分集合が行となり、一般的にはレコードと呼ばれる。図書館の資料で例えると、各列にタイトル、著者名、出版者といった資料のデータ項目の定義がなされ、具体的な個々の本の情報が各行に入力されるというイメージである。

テーブルには多くのレコードが含まれることになるが、一つのテーブルの中で、ある特定のレコード（1 行）を特定できる列のことを主キー（Primary Key：PK）と呼ぶ。主キーは一つの列である必要はなく、複数の列の組み合わせを主キーとすることもできる。主キーには必ず値が入力されていなければならず、また値が重複してはいけない。これを主キー制約と呼び、前者を Not Null 制約（Null は「空値」を意味し、値がなにも入力されていないことを意味する。「空白」が入力されている状態とは異なるので注意）、後者を Unique 制約と呼ぶ。本のタイトルは通常必ず存在しているので主キーにすることができるようにみえるが、

同じタイトルだが異なる本が存在し得るので Unique 制約を満たさない（たとえば『統計学入門』というタイトルの本は過去に多く出版されている）。資料 ID のような項目が存在しない場合を考えてみると、レコードを特定するためにはタイトルだけでなく、出版者、出版年、版表示などを組み合わせる必要がある。そのようなデータ項目の組み合わせでレコードを特定できる組み合わせがあれば、その組み合わせを主キーとすることができるが、タイトル、出版者といった値が統制されていない項目は、重複する値が発生してしまう可能性がある。そのため、実装上は資料 ID といったデータ内容と直接は関係のない項目を作成し、重複が生じないように付番して主キーとして設定することも多い。

　ここで資料を利用者に貸し出すことを考えてみよう。貸出を管理する貸出テーブルでは利用者番号等の利用者情報、貸出資料の情報、貸出日などを管理する必要がある。ここで資料のタイトル等の情報をすべて貸出テーブルに保存する必要はない。なぜなら資料テーブルの主キー（資料テーブルの資料 ID）のみを保存しておけば、その主キーを使って資料テーブルにアクセスすることで、貸し出した1件の資料を特定しその資料の情報を得ることができるからである。このとき、貸出テーブルの「資料テーブルの主キー」の列に入力されるデータは、必ず資料テーブルに存在している値でなければいけない（資料テーブルに存在しない ID のデータは存在しない資料ということであり、それを貸し出すことはできない）。こうした、必ず別テーブルに値がなければいけないという制約を設けて別のテーブルのデータを参照している列を**外部キー**（Foreign Key：FK）と呼び、この制約のことを外部キー制約と呼ぶ。この制約を付与することで、逆に貸出中の資料の情報を資料テーブルから削除するということもできなくなる。別テーブルのデータを参照するからといって必ず外部キーにしなければいけないわけではないが、このような制約を付与したうえでデータを保存することで、存在しない本を貸し出してしまう、あるいは貸出中の本の情報を削除してしまうといった不正なデータが発生することを防ぎ、データの整合性を保つことができる。

(2) インデックス（索引）

　テーブルに格納されたデータを利用するためには、何らかの検索を行って
データをテーブルから取り出す必要がある。この際高速に取り出すためには、
あらかじめインデックスを作成しておくことが必要である。インデックスは
個々の列に対して作成することもできるし、列の組み合わせに対して作成する
こともできる。インデックスを作成していない列で検索すると、テーブルにあ
るすべてのレコードを探す必要があるため、検索に時間がかかる[2]。そのため
検索に使う列に対してはインデックスを作成しておくのが通例である。一方、
データベースサービスではより高速、あるいは柔軟に検索を行うため、DBMS
のインデックスを使うのではなく、別に Apache Solr や Elasticsearch などの
全文検索エンジンなどを導入して用いることが多くなっている[3]。

(3) ビュー

　次項で説明する通り、RDB ではデータを複数のテーブルに分けて格納する。
たとえば資料の情報（タイトルや出版者等）とそれを所蔵する館の情報（分館名
や連絡先等）は別のテーブルとする。しかし、資料の検索結果画面で資料の情
報とその所蔵の情報を合わせて表示するためには、両方のテーブルの情報を結

---

2) これを全表走査という。全表走査の場合テーブルの全レコードを順に探すため、検索にか
かる時間はテーブルのレコード数 N に比例する。一方、インデックスのつくり方にもいくつ
かの種類があるが、たとえば RDB でよく使われる B-tree インデックスの場合、ツリー上に
データを区分けしたインデックスを作成しそのツリーを探索するため、検索にかかる時間は
$\log_2 N / \log_2 M$（M はもつことができる子ノードの数を指す）に概ね比例する。全表走査と比
べてデータが増えても検索性能に与える影響が格段に少なくなる。
3) DBMS においてどのような検索でインデックスを使い、どのような検索ではインデックス
を使わないかは、作成済みのインデックスと実際の検索要求（SQL）から DBMS が判断して
決める（これを実行計画と呼ぶ DBMS もある）。作成される実行計画によっては性能が出ない
こともあるため、データベースのエンジニアは実行計画を確認しながらデータベースのチュー
ニングを行う。このチューニング作業は DBMS に関する高度な知識が必要で難易度が高い。
そうしたこともあり、データベースサービスだけでなく図書館の OPAC 等でも、検索には
DBMS ではなく Apache Solr などの全文検索エンジンを用いることが多くなってきている。
タイトルや著者名など多様なデータが収録される項目を検索する場合に、全文検索エンジンで
検索した結果から主キーを特定し、主キーによって DBMS にアクセスするといった使い方を
したり、すべてのデータを全文検索エンジンに持たせるといった場合もある。

合させて取得し表示する必要がある（後述する SQL では JOIN と呼ばれる操作となる）。使用頻度の高い結合操作が必要な場合は、あらかじめその結合操作を定義した仮想的なテーブルを作成し、その仮想テーブルを利用することで容易に結合された結果を得ることができる。この仮想的なテーブルをビューと呼ぶ。

## 1.3　データベースの設計

　データベースを構築する場合、管理したいデータにどういったデータがあるかを明確にして、どのようなデータモデルでそれを管理するかを決める、すなわちデータベースを設計することが必要である。RDB ではテーブルの設計、つまりどういったテーブルを用意し、テーブル間をどのように関連付けたらよいか、列のデータ型、どの列を主キーや外部キーとして設定したらよいかということを決めていくことになる。

　RDB では、同じ内容のデータを複数のテーブルに重複させて保存するのではなく、1 カ所で管理することでデータの整合性を保つというのが基本的な考え方である。たとえば資料の所蔵館として「北分館」という名称の館があったが、その分館の名称を「駅前プラザ」と変更することになったとする。もし資料の情報 1 件 1 件にすべて所蔵館として「北分館」を重複して記録していた場合、すべての資料レコードの「北分館」を修正しなければならない。もし修正漏れが発生すると検索で所蔵館として「駅前プラザ」を指定しても、ヒットしないレコードができてしまい利用に支障をきたしてしまう。そこで、所蔵館情報を別のテーブルとして用意し、「館名」はその 1 カ所にのみ記録する。所蔵館名を知りたい場合には、所蔵館情報のテーブルを参照して取得する、という設計にすれば、上記のような所蔵館名の変更があっても、1 カ所を修正するだけですみ、修正漏れも発生しない。

　ゼロからデータベースを設計する場合には、管理したいデータを洗い出し、データ間にどのような関係があるのかを、後述する ER 図などの方法を用いて図示したりしながら、概念的なレベルでデータモデルを検討していくトップダウンのアプローチをとる。逆にすでに既存のデータがある場合にはそのデータ

に対して、次項で説明する正規化を行うことで、RDB で管理するのに適切な
データモデルを構築していくというボトムアップのアプローチをとる。その後
構築したモデルにもとづき DBMS 上にデータベースを実装する。

(1) 正規化

　RDB において整合性を確保してデータを管理していくためには、データを
どのようなテーブルに分けて管理したらよいかを適切に定めることがきわめて
重要である。これはデータの管理だけではなく、データの利用、利用する際の
性能等の面にも影響する。データを一定のルールに従って段階を踏んで整理し、
複数のテーブルに分割していくことを**正規化**と呼び、正規化が行われた状態の
ことを正規形と呼ぶ。ここからは図書館の資料を管理するデータベースを想定
して、データの正規化について例示していく。

　表6.1に示すような資料のデータを RDB で適切に管理しなければいけない
としよう。表形式なのでそのまま RDB で管理できるように思うかもしれない
が、この形式のままでは正しく管理することができない。

　まず資料ID10001のレコードの著者に注目してみよう。このレコードでは複
数の著者を記録するために、1 行のなかで著者名の項目を繰り返して記録して
いる。このような項目を繰り返し項目と呼ぶが、この繰り返しを排除し一つの

表6.1　正規化前の資料データ

| 資料ID | タイトル | 出版年 | 出版者 | 著者ID | 著者名 | 著者名よみ | 分類番号 | 分類名 |
|---|---|---|---|---|---|---|---|---|
| 10001 | テーブルの存在論 | 2020 | コミット出版 | A0001, A0004 | 河野次郎, 草野香織 | こうのじろう, くさのかおり | 111 | 形而上学, 存在論 |
| 10002 | 日本DB全史 | 2019 | 正規化社 | A0002 | 河野次郎 | かわのじろう | 210.1 | 日本史-通史 |
| 10003 | データ社会学入門 | 2018 | ビュー書店 | A0003 | 出田作郎 | でたつくろう | 361 | 社会学 |
| 10004 | 薬品インデックス | 2020 | 検索書房 | A0004 | 草野香織 | くさのかおり | 499.1 | 医薬品 |
| 10005 | ロールバックの社会学 | 2015 | コミット出版 | A0001, A0003, A0005 | 河野次郎, 出田作郎, 鈴木花子 | こうのじろう, でたつくろう, すずきはなこ | 361 | 社会学 |

（出所）筆者作成

表6.2　第一正規形

| 資料ID | タイトル | 出版年 | 出版者 | 著者ID | 著者名 | 著者名読み | 分類番号 | 分類名 |
|--------|----------|--------|--------|--------|--------|------------|----------|--------|
| 10001 | テーブルの存在論 | 2020 | コミット出版 | A0001 | 河野次郎 | こうのじろう | 111 | 形而上学,存在論 |
| 10001 | テーブルの存在論 | 2020 | コミット出版 | A0004 | 草野香織 | くさのかおり | 111 | 形而上学,存在論 |
| 10002 | 日本DB全史 | 2019 | 正規化社 | A0002 | 河野次郎 | かわのじろう | 210.1 | 日本史-通史 |
| 10003 | データ社会学入門 | 2018 | ビュー書店 | A0003 | 出田作郎 | でたつくろう | 361 | 社会学 |
| 10004 | 薬品インデックス | 2020 | 検索書房 | A0004 | 草野香織 | くさのかおり | 499.1 | 医薬品 |
| 10005 | ロールバックの社会学 | 2015 | コミット出版 | A0001 | 河野次郎 | こうのじろう | 361 | 社会学 |
| 10005 | ロールバックの社会学 | 2015 | コミット出版 | A0003 | 出田作郎 | でたつくろう | 361 | 社会学 |
| 10005 | ロールバックの社会学 | 2015 | コミット出版 | A0005 | 鈴木花子 | すずきはなこ | 361 | 社会学 |

（出所）筆者作成

項目には一つの値だけが入るようにする必要がある。複数の値がある場合には、それを別のレコードに分割し、表6.2のような形式とする。これを第一正規化といい、それによってできあがった表6.2は第一正規形といわれる。

　第一正規形になった表6.2で、ある1レコードを特定するにはどうしたらよいかを考えてみよう。複数の著者をもつ資料を別のレコードに分割した結果、資料IDだけでは、1レコードを特定することが出来なくなっている。この表の1レコードを特定するためには資料IDと著者IDの両方が分かっている必要がある。このように表のなかの1レコードを特定することが可能な列または列の組み合わせを候補キーと呼ぶ。先に説明した主キーは候補キーのなかから選定し、DBMSにおいて設定することとなる（この例では分かりやすくするためにデータ項目を限定しているため候補キーが一つしかない。そのため候補キー＝主キーとなるが、実際のデータでは候補キーが複数存在することもある）。

　さてここでタイトルや出版年を見てみると、これらの項目は資料IDのみ、つまり候補キーの一部が特定されれば自動的にその値が確定することが分かる。資料IDが10003と特定できればタイトルも「データ社会学入門」と特定できる[4]。

　このように、ある項目Aの値が決まると別の項目Bの値が確定するとき、

表6.3 第二正規形（■候補キー）

| 資料ID | タイトル | 出版年 | 出版者 | 分類番号 | 分類名 |
|---|---|---|---|---|---|
| 10001 | テーブルの存在論 | 2020 | コミット出版 | 111 | 形而上学, 存在論 |
| 10002 | 日本DB全史 | 2019 | 正規化社 | 210.1 | 日本史-通史 |
| 10003 | データ社会学入門 | 2018 | ビュー書店 | 361 | 社会学 |
| 10004 | 薬品インデックス | 2020 | 検索書房 | 499.1 | 医薬品 |
| 10005 | ロールバックの社会学 | 2015 | コミット出版 | 361 | 社会学 |

| 資料ID | 著者ID |
|---|---|
| 10001 | A0001 |
| 10001 | A0004 |
| 10002 | A0002 |
| 10003 | A0003 |
| 10004 | A0004 |
| 10005 | A0001 |
| 10005 | A0003 |
| 10005 | A0005 |

| 著者ID | 著者名 | 著者名よみ |
|---|---|---|
| A0001 | 河野次郎 | こうのじろう |
| A0004 | 草野香織 | くさのかおり |
| A0002 | 河野次郎 | かわのじろう |
| A0003 | 出田作郎 | でたつくろう |
| A0005 | 鈴木花子 | すずきはなこ |

（出所）筆者作成

　Bは A に関数従属しているという。そこで次の正規化の手順として、候補キーの一部に関数従属している項目がないかを探し、それがあった場合、その候補キーの一部と候補キーに関数従属している項目を別のテーブルに分離する。これが第二正規化である。ここでは資料IDに対してタイトル、出版年、出版者、分類番号、分類名が関数従属している。そこでこれらを分割し別のテーブルとする。残るのは資料ID、著者ID、著者名、著者名よみというテーブルとなる。ここで著者名よみは候補キーの一部である著者IDに関数従属している（著者IDが決まれば著者名よみも決まる）のでこれも分割しなければいけない。結果として、表6.3のような3つのテーブルに分割されることになる。

　第二正規形に分割された後の資料テーブルをみてみよう。第二正規形のこのテーブルは資料IDが決まれば残りの項目はすべて決まる。ここで分類名を見てみると、これは分類番号が決まれば自動的に決まる項目であるということが分かる[5]。つまり資料IDが決まると分類番号が決まり、分類番号が決まれば

---

4）ここで、タイトルを特定することでも出版年は特定できるからタイトルも候補キーではないかと思われるかもしれない。たしかにここにあげている事例だけをみればそのようにみえるが、すでに説明した通り、実際には同一タイトルの資料があり得ることから、タイトルだけでは行を特定することが出来ない。一方、後述する分類番号は、たとえばNDCを使うということが決まっていて、分類テーブルにおいて分類番号が重複することがなければ、分類番号自体を候補キー＝主キーとして使うことができる。

5）ここでは便宜的に一つの資料に対して分類は一つしか付与されないという想定で記載している。

表6.4　第三正規形までの正規化過程

**正規化前データ**

| 資料ID | タイトル | 出版年 | 出版者 | 著者ID | 著者名 | 分類番号 | 分類名 | 著者名よみ |
|---|---|---|---|---|---|---|---|---|
| 10001 | テーブルの存在論 | 2020 | コミット出版 | A0001, A0004 | 河野次郎, 草野香織 | 111 | 形而上学, 存在論 | こうのじろう, くさのかおり |
| 10002 | 日本DB全史 | 2019 | 正規化社 | A0002 | 河野次郎 | 210.1 | 日本史·通史 | かわのじろう |
| 10003 | データ社会学入門 | 2018 | ビュー書店 | A0003 | 出田作郎 | 361 | 社会学 | でたつくろう |
| 10004 | 薬品インデックス | 2020 | 検索書房 | A0004 | 草野香織 | 499.1 | 医薬品 | くさのかおり |
| 10005 | ロールバックの社会学 | 2015 | コミット出版 | A0001, A0003, A0005 | 河野次郎, 出田作郎, 鈴木花子 | 361 | 社会学 | こうのじろう, でたつくろう, すずきはなこ |

⇩ 第一正規化

**第一正規化**

| 資料ID | タイトル | 出版年 | 出版者 | 著者ID | 著者名 | 分類番号 | 分類名 | 著者名よみ |
|---|---|---|---|---|---|---|---|---|
| 10001 | テーブルの存在論 | 2020 | コミット出版 | A0001 | 河野次郎 | 111 | 形而上学, 存在論 | こうのじろう |
| 10001 | テーブルの存在論 | 2020 | コミット出版 | A0004 | 草野香織 | 111 | 形而上学, 存在論 | くさのかおり |
| 10002 | 日本DB全史 | 2019 | 正規化社 | A0002 | 河野次郎 | 210.1 | 日本史·通史 | かわのじろう |
| 10003 | データ社会学入門 | 2018 | ビュー書店 | A0003 | 出田作郎 | 361 | 社会学 | でたつくろう |
| 10004 | 薬品インデックス | 2020 | 検索書房 | A0004 | 草野香織 | 499.1 | 医薬品 | くさのかおり |
| 10005 | ロールバックの社会学 | 2015 | コミット出版 | A0001 | 河野次郎 | 361 | 社会学 | こうのじろう |
| 10005 | ロールバックの社会学 | 2015 | コミット出版 | A0003 | 出田作郎 | 361 | 社会学 | でたつくろう |
| 10005 | ロールバックの社会学 | 2015 | コミット出版 | A0005 | 鈴木花子 | 361 | 社会学 | すずきはなこ |

⇩ 第二正規化

**第二正規化（■推移関数従属）**

| 資料ID | タイトル | 出版年 | 出版者 | 分類番号 | 分類名 |
|---|---|---|---|---|---|
| 10001 | テーブルの存在論 | 2020 | コミット出版 | 111 | 形而上学, 存在論 |
| 10002 | 日本DB全史 | 2019 | 正規化社 | 210.1 | 日本史·通史 |
| 10003 | データ社会学入門 | 2018 | ビュー書店 | 361 | 社会学 |
| 10004 | 薬品インデックス | 2020 | 検索書房 | 499.1 | 医薬品 |
| 10005 | ロールバックの社会学 | 2015 | コミット出版 | 361 | 社会学 |

**第二正規化（■候補補キー）**

| 資料ID | 著者ID |
|---|---|
| 10001 | A0001 |
| 10001 | A0004 |
| 10002 | A0002 |
| 10003 | A0003 |
| 10004 | A0004 |
| 10005 | A0001 |
| 10005 | A0003 |
| 10005 | A0005 |

| 著者ID | 著者名 | 著者名読み |
|---|---|---|
| A0001 | 河野次郎 | こうのじろう |
| A0004 | 草野香織 | くさのかおり |
| A0002 | 河野次郎 | かわのじろう |
| A0003 | 出田作郎 | でたつくろう |
| A0004 | 草野香織 | くさのかおり |
| A0001 | 河野次郎 | こうのじろう |
| A0003 | 出田作郎 | でたつくろう |
| A0005 | 鈴木花子 | すずきはなこ |

⇩ 第三正規化

**第三正規化**

| 資料ID | タイトル | 出版年 | 出版者 | 分類番号 |
|---|---|---|---|---|
| 10001 | テーブルの存在論 | 2020 | コミット出版 | 111 |
| 10002 | 日本DB全史 | 2019 | 正規化社 | 210.1 |
| 10003 | データ社会学入門 | 2018 | ビュー書店 | 361 |
| 10004 | 薬品インデックス | 2020 | 検索書房 | 499.1 |
| 10005 | ロールバックの社会学 | 2015 | コミット出版 | 361 |

| 分類番号 | 分類名 |
|---|---|
| 111 | 形而上学, 存在論 |
| 210.1 | 日本史·通史 |
| 361 | 社会学 |
| 499.1 | 医薬品 |

**第三正規化**

| 資料ID | 著者ID |
|---|---|
| 10001 | A0001 |
| 10001 | A0004 |
| 10002 | A0002 |
| 10003 | A0003 |
| 10004 | A0004 |
| 10005 | A0001 |
| 10005 | A0003 |
| 10005 | A0005 |

| 著者ID | 著者名 | 著者名よみ |
|---|---|---|
| A0001 | 河野次郎 | こうのじろう |
| A0004 | 草野香織 | くさのかおり |
| A0002 | 河野次郎 | かわのじろう |
| A0003 | 出田作郎 | でたつくろう |
| A0005 | 鈴木花子 | すずきはなこ |

**第三正規形となったテーブル群**

| 資料ID | タイトル | 出版年 | 出版者 | 分類番号 |
|---|---|---|---|---|
| 10001 | テーブルの存在論 | 2020 | コミット出版 | 111 |
| 10002 | 日本DB全史 | 2019 | 正規化社 | 210.1 |
| 10003 | データ社会学入門 | 2018 | ビュー書店 | 361 |
| 10004 | 薬品インデックス | 2020 | 検索書房 | 499.1 |
| 10005 | ロールバックの社会学 | 2015 | コミット出版 | 361 |

（出所）筆者作成

分類名が決まるという関係になっている。このような関係のことを推移関数従属という。第三正規化ではこの推移関数従属がある項目を別のテーブルに分割する。表6.4はここまでに説明した、正規化前のデータから第三正規形ができあがるまでの正規化の過程を順に示したものである。このデータは第三正規化までの正規化を終えると、4つのテーブルに分かれて管理されることになる。

　正規形にはここまで説明した第三正規形までに加え、ボイス・コッド正規形、第四正規形、第五正規形といったものがあるが、一般的には第三正規形まで正規化できれば実用上は問題ないとされる。それ以上の正規化は必要性を十分に検討して行う必要がある。正規化は主に、更新や削除といったデータに変更が発生した際に、整合性をもって更新を管理することが主眼にあるため、更新が行われないテーブルや、データを書き込むアプリケーション側で整合性を管理して更新を行える場合は、あえて正規化を行わない場合もある。ここまでみてきたように、正規化を行うと複数のテーブルに分けてデータを保持することになるため、データを検索したり参照したりする場面ではテーブルとテーブルを結合する操作が必要になる。そのため複数のテーブルに分割されていることが性能の面でのボトルネックとなってしまうこともあるからである。データベースの設計に当たっては、データ更新の管理と参照の際の性能など複数の点を考慮して、どこまで正規化を行うかを決めていくことが必要となる。

(2) ER図（Entity-Relationship Diagram）
　ER図とはデータベース設計、データモデルの検討の際に使われるツールである。データないしはデータのまとまりをエンティティ（実体）として捉え、エンティティ間にどのような関係があるかを図示していくものである。まずは抽象化したエンティティ、たとえば利用者、資料、貸出といったレベルで整理を行う。このとき貸出というのは利用者というエンティティと資料というエンティティとの間の関係と考えることもできるが、貸出にも貸出日、返却期限、返却日といったデータ項目が考えられることから、これもエンティティとして捉え、3つのエンティティ間を結び付けていくこともできる。このようにデー

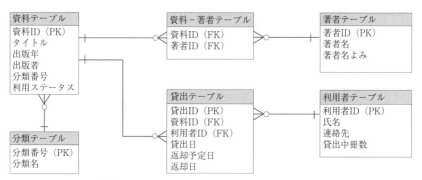

図6.1　ER図

（出所）筆者作成

タ間の関係を整理して、どのようにデータを関連付けて保存するかを示すものがデータモデルである。

　ER図は本来こうしたデータモデリングのためのツールだが、実務的には正規化を終えテーブル設計が決まった段階で、その設計を反映した図として作成し、システムの設計書の一部として管理することがよくある。この場合エンティティ＝テーブルとなり、テーブル同士がデータベース上でどのような関係にあるかを示す設計書となる。図書館システムの場合でも設計書にER図が含まれる場合があるため、ER図を読み解けるようになるとシステム内のデータの関係を理解するのに有用である。図6.1はこれまで説明した例をER図として図示したものである。

　テーブル間の関係では、テーブルのレコードと他のテーブルのレコードとの間の数の関係が重要である。教員というテーブルと学生というテーブルがあるとしよう。完全に個人指導であり1人の教員は1人の学生しか指導しない場合、教員と学生の関係は1対1である。担任教員とそのクラスのように、1人の教員が複数の学生を指導する場合、教員1人（1レコード）に対して学生は複数

のレコードが対応するため関係は1対多となる。大学の授業を考えてみると、1人の教員は授業で複数の学生を指導するが、学生は複数の授業をとるため複数の教員から指導を受けることになる。この場合教員と学生の関係は複数対複数つまり多対多の関係となる。こうした1対1、1対多、多対多といった関係のことをカーディナリティと呼び、通常ER図ではエンティティ間を結ぶ線の上の記号等で表現される。カーディナリティの表し方にはIE記法（鳥の足記法）、IDEF1X記法といったいくつかの記法がある（図6.1ではIE記法を用いている）。もしテーブル間の関係に多対多の関係が生じた場合は、間に中間テーブルを設けて、1対多の関係にする必要がある。これは多対多の関係にあると、データ更新などに際して整合性を保つことが困難となってしまうからである。正規化を行い第三正規形とするとテーブル間の関係は1対1または1対多に整理される。図6.1における資料-著者テーブルがここでいう中間テーブルである。

## 1.4　データ更新時の整合性

(1) トランザクション

　たとえば資料を利用者に貸し出す際の処理をデータベースでの更新処理の観点からみよう。その場合複数のテーブルでデータを更新しなければいけないことが分かる。まず資料テーブルで資料の利用状況を表す利用ステータスとして、たとえば「貸出可」という値が設定されていた場合、これを「貸出中」に更新するといったことが必要である。次に貸出テーブルにその利用者と貸し出した資料を結び付ける貸出レコードを作成することで、ある利用者にある資料が貸し出されているということがデータベース上に記録される。その際貸出日付とそこから計算される返却予定日もあわせて設定しなければいけないだろう。貸出冊数には上限があるため、貸出中冊数のデータも更新して、現在何冊借りているかを管理している場合もある[6]。

---

6) 貸出中冊数は、そのつど貸出テーブルのレコードから集計して求めることもできるため、必ずしもデータベース上に保存して更新する必要があるわけではないが、ここでは貸出の際に計算してデータベースに保存する、という設計になっているものとする。

　これらの処理は一連の処理としてまとめて行わなければいけない。たとえば貸出レコードを作成していないのに、貸出中冊数を＋1してしまうと、データベース上では利用者は貸出を受けていない（貸出レコードが存在しない）のに、冊数上は1冊追加で借りていることになってしまい、不整合が生じる。貸出レコードを作成したのに資料のステータスが「貸出可」のままだと、他の利用者からは貸出可にみえるが、実際の資料はすでに貸し出されており貸出できないといった状況が生じてしまう。これに対してDBMSは、これらの一連の処理を**トランザクション**として一括で更新するように処理できる。トランザクション内の処理がすべて正常に完了した後に**コミット**という処理を行うことで更新が確定する。もしトランザクションの途中で問題が生じたりしてコミットできない場合には、トランザクション全体をなかったこととして、トランザクション開始前の状態に戻すことを行う。これを**ロールバック**という。このようにデータの更新を制御することによりデータベース全体の整合性が保たれるようになっている。また設定にもよるが、トランザクションのログがきちんと保存されていれば、万が一データベースやハードウェアに何らかの障害があり使えなくなった場合でも、別途取得したデータベース全体のバックアップからデータベースを再構築したのち、トランザクションログに従ってデータを更新することで、障害が起きる直前の状態に戻すといったことも理論的には可能となっている。

## (2) 排他制御

　データベース上のデータは複数の箇所からほぼ同時に参照され、更新されることがあり得る。その際適切に制御できていないと、先に行われた更新作業の内容が後に行った作業の内容で上書きされて変更されてしまったり、消失してしまったりすることがある。こうした複数からの作業を制御するためDBMSでは**排他制御**という仕組みを提供している。排他制御では、誰かがデータを更新するためにデータを取得するとそのデータにロックがかかり、更新作業が終わるまで他からはデータの更新ができないようになるといった制御が行われる。

## ② SQL

　RDB の操作は、SQL と呼ばれる言語を用いてデータベースに対する命令文を作成し、その SQL 文を発行することで行われる。データベース自体やテーブル、インデックス、ビューを作成、変更、削除したり、データベース中のレコードを作成、参照、変更、削除するなど、データベースに関する多くの操作が SQL を用いて行われる。ここではよく使われる SQL の概要を紹介する。ただし SQL の書き方は DBMS によって細部が異なったり、独自の機能があったりする場合もあるため、利用している DBMS にも留意する必要がある。ここにあげたものはごく一部であるため、詳細は参考文献にあげた資料を参照してもらいたい。

　もっともよく使うのがデータベースに格納されているデータ自体を操作する SQL である。これはデータ操作言語（DML）という。テーブル（またはビュー）からレコードを選択してきて参照するためには SELECT 文を用いる。SELECT 文では取得したい列名を並べ、FROM 句にテーブル名を書く。テーブルの全部の列が必要な場合は*を用いて指定することもできる。WHERE 句を用いると条件を指定してそれを満たすレコードだけを抽出して参照することができる。WHERE 句では列名＝条件といったかたちで抽出条件を指定するが、複数の条件間の論理演算や比較演算子を用いることもできる。また LIKE を用いると、ワイルドカードを用いたパターンマッチを行うこともできる。WHERE 句に SELECT 文を置いて、その結果を条件とすることも可能である。これは副問合せと呼ばれる。抽出した列のソート順は ORDER BY 句で指定できる。昇順（ASC）降順（DESC）を指定できる。

　SELECT 文の基本的な構文

　SELECT 列名１, 列名２, 列名３ FROM テーブル名 WHERE 列名３ =
　'検索条件', ORDER BY 列名４

たとえば次の SQL 文は、タイトルが「データ」で始まり、出版年が2018年以降の資料のタイトルと出版者、出版年を抽出する SQL 文の例である。

> SELECT タイトル , 出版者 , 出版年 FROM 資料テーブル WHERE タイトル LIKE ' データ % ' AND 出版年 >= '2018'

また抽出する列名に関数を適用することで、その列のレコードの件数をカウントしたり、数値型の列であれば、最大値や最小値、平均値などを集計することもできる。たとえば、

> SELECT COUNT(*) FROM 資料テーブル WHERE 出版年 >= '2015'

とすると資料テーブルに格納されている、出版年が2015年以降のレコードの件数を取得することができる。

複数のテーブルのデータを組み合わせて取得したい場合は、それぞれの列に共通する値が入っている列（たとえばあるテーブルの主キー列とそれを参照している別のテーブルの外部キー列）を結び付ける指定を行うことで取得できる（これを結合という）。FROM 句に

> FROM テーブル 1 INNER JOIN テーブル 2 on テーブル 1 .A 列 = テーブル 2 .B 列

とすることでテーブル 1 の A 列とテーブル 2 の B 列の値が等しいレコードを抽出して、両方のテーブルのデータを結合させて取得することができる。

データを新規に追加する際には INSERT 文、すでにテーブルにあるレコードを更新する際には UPDATE 文、レコードを削除する際には DELETE 文を用いる。いずれも基本的な構文は以下に示す通りである。

```
INSERT INTO テーブル名 VALUES(' 値 1 ', ' 値 2 '・・・' 値 n')
UPDATE テーブル名 SET 列名 1 = ' 値 1 ', 列名 2 = ' 値 2 ' WHERE
列名 3 = ' 値 3 '
DELETE FROM テーブル名 WHERE 列名 1 = ' 値 1 '
```

　UPDATE 文、DELETE 文の WHERE 句では更新・削除対象となるレコードを抽出する条件を指定する。たとえば主キーを指定することで特定の 1 レコードを更新・削除することができる。条件指定がないとテーブルの全件が更新・削除されてしまう。

　テーブルのなかのレコードを操作するだけでなく、テーブル自体を作成したり、テーブルの列に外部キーなどの制約を設定する、インデックスやビューを作成する、修正するといったことも SQL で行う。作成を行う CREATE 文（CREATE TABLE、CREATE INDEX など）、変更を行う ALTER 文、削除を行う DROP 文等がある。これらはデータ定義言語（DDL）と呼ばれる。ほかにデータベースを管理するユーザや権限を設定したり操作したりするデータ制御言語（DCL）がある。トランザクションを制御する命令文であるコミット（COMMIT）やロールバック（ROLLBACK）もデータ制御言語の一種である。

## ③　RDB 以外のデータベース

　RDB は普及しているデータベース管理の仕組みではあるが、常に RDB を用いるのが最適であるというわけではない。RDB の特徴は管理したいデータ同士の関係や内容を踏まえたうえで、事前にきっちりとデータベースを設計することで効率的なデータ管理が行える点にある。そのため逆にいうと、管理したいデータの構造が不定であったり構造に変更が多く発生する場合には、RDB は適していない。またトランザクションのような更新時の配慮が不要なデータを扱う場合には、RDB を使ってデータ更新を管理する必要性が低い。SNS のデータのような昨今ビッグデータと呼ばれているデータの場合は、こ

れまで以上に急激に増大していく大量のデータを超高速で処理しなければならないため、やはり RDB で管理するには向いていない。

　そこで RDB ではないデータベースが必要とされる。RDB ではないデータベースにもさまざまな種類があるが、最近では NoSQL と総称して呼ばれている。データを特定するためのキーと、キーに対応する値の組み合わせというデータ構造でデータを管理する KVS（Key Value Store）や、データをノード、ノードの属性であるプロパティ、それにノード間の関係を表すエッジというグラフ構造で管理するグラフデータベースがよく使われている。KVS は構造がシンプルであるため RDB が扱うような複雑な関係のデータには向いていないが、プログラムから扱いやすいデータ形式であるため、キーによるアクセスができれば十分である場合等に多く利用されている。またスケールアウトによる性能向上が行いやすいという特徴もある。グラフデータベースは、RDB がテーブル単位で関係を表していたのに対し、個々のレコード間の関係を定義することができるため、より複雑で細かい関係性を持たせることが可能である。一方で KVS のようにスケールアウトで性能向上を図ることは困難である。扱うデータの特性をよく理解して、どのようなデータベースで管理したらよいかを決める必要がある。

**参考文献**

増永良文（2017）『リレーショナルデータベース入門――データモデル・SQL・管理システム・NoSQL』第3版，サイエンス社。

ミック（2016）『SQL：ゼロからはじめるデータベース操作』第2版，翔泳社。

渡部徹太郎監修，河村康爾ほか著（2016）『RDB 技術者のための NoSQL ガイド』秀和システム。

# NoSQL で使われるソフトウェア

　NoSQL にも RDB と同様にそれを管理するソフトウェアが存在する。KVS でよく使われるソフトウェアとしては Redis や Memcached、グラフデータベースでは Neo 4 j などのソフトウェアが知られている。Redis は KVS ではあるが、値部分に配列や JSON 等を持てるため、ある程度複雑なデータも保持することが可能である。またハードディスクなどのストレージを使わず、メモリ上にすべてのデータを展開するインメモリデータベースであるため、非常に高速な処理ができる。データの追加・更新時に整合性がそれほど必要とされない巨大なデータや、高速な処理を要求される場面等でよく使われている。Memcached もインメモリデータベースであり、キャッシュの保存等で使われる。Neo4j はグラフ型データベースのデファクトスタンダードとなっている。

（川瀬直人）

| 第7章 | 検索エンジン |
|---|---|
|  |  |

## 1 検索エンジンとは

### 1.1 検索エンジンと図書館との関係

**検索エンジン**（サーチエンジン）とは第5章でまとめた情報検索システム全般を指す場合もあるが、一般にはインターネット上の Web サイトや Web ページを検索可能とするシステムまたはサービスのことをいう。代表例は Google である。このような Web 検索エンジンと図書館との関係は主に次の三点からとらえられる。

一点目として、検索エンジンはレファレンスサービスなど利用者の調べものを支援する際に活用するツールの一つとなるため、図書館員は、検索できる対象・範囲、検索結果の見方やランキングの意味、効率的な検索方法などを把握しておかなければならない。この点は司書課程の別科目「情報サービス論」「情報サービス演習」などでも扱われる。

二点目として、検索エンジンは図書館が提供するサービスやコンテンツを Web 上で検索してもらうプラットフォームともなる。そのため Web 検索で発見してもらいやすくするには、図書館のもつデータを検索エンジン側へどのように提供すればよいかを理解しておくことが重要となる。

三点目として、現在の検索エンジンには情報検索システム（よりいえば Web サービス全般）の先端技術が集約されていることがあげられる。一般の利用者は、日常的に慣れ親しんだ検索エンジンと図書館関連の情報検索システムとを比較し、後者を利用しにくいと感じるかもしれない。図書館関連の情報検索システムに検索エンジンの各種機能を組み込むことや、さらには類似の性能や品

質までもが期待されているかもしれない。図書館側としてはそれらの期待にすべて応えることが難しくても、何らかの説明を求められる場合はあり得る。このような観点からも、図書館員は検索エンジンの仕組みの概要を理解しておくことが望ましい。

## 1.2　検索エンジンの種類：ディレクトリ型とロボット型

　これまで検索エンジンは**ディレクトリ型**と**ロボット型**の二種類に分けて説明されることが多かった。ディレクトリ型とは人手で Web サイトをカテゴリ別に整理したものであり、利用者からするとあらかじめ用意されたカテゴリを階層的にたどって検索できるものをいう（Web ディレクトリとも呼ぶ）。もう一方のロボット型とは、詳細は後述するが、ロボットと呼ばれる収集用のコンピュータプログラムで Web 上のデータを複製してデータベース化したものであり、利用者からすると検索式を入力することで求めるコンテンツが検索できるものをいう。なおこのほかにも、メタ検索エンジンなどと呼び、複数の検索エンジンで得られた結果をまとめて表示させる種類のシステムも存在するが、基本的にはそれらもロボット型の派生とみなせるだろう。

　現在では Google に代表されるようにロボット型が主流となっているものの、以前はディレクトリ型の検索エンジンも広く利用されていた。たしかに、あるテーマについて適切な情報源をできるだけ手間をかけずに確認したい場合、図書館で作成されたリンク集やパスファインダー（調べ方案内）のように、あらかじめ一定の品質をもつ Web サイトがリスト化されていると便利だろう。だがそのようなリスト化を行うには、各 Web サイトについて人手により情報収集を行い目視で内容を確認後、あるテーマや関心に沿って各 Web サイトを分類し、さらには登録作業を行わなければならない。新たに有用な Web サイトが出てくればそれらをリストに追加したいだろうし、Web ページの内容に変更があればリストを更新する必要が生じるかもしれない。いいかえれば、Web の普及期にはそのような人手の作業で対応可能な量の Web サイトしか存在しなかった。しかし現在の Web 空間は人力では処理しきれない量の規模に

まで膨れ上がっている。そのような状況を反映し、もはやディレクトリ型の機能を主とした検索エンジンは少ない。たとえば日本で代表的なディレクトリ型サービスとして運営されてきた **Yahoo!** カテゴリも2018年で終了した（本家アメリカの Yahoo! Directory はそれに先立つこと2014年に終了）。

　膨大な量のデータからなる Web の世界で求めるコンテンツを探り当てるには、機械の力に頼らざるを得ない。そこで、本章の3節では「検索エンジンの仕組み」を概観するが、ロボット型検索エンジンの話に絞る。だがその前に、次節では検索エンジンの歴史と現状について簡単にまとめておきたい。

## ② 検索エンジンの歴史と現状

### 2.1 検索エンジンの誕生とポータルサイト化

　インターネット上のコンテンツを検索できる最初期のツールとしては1990年に公開された Archie があげられる。これはカナダのマギル大学の大学院生が開発したもので、FTP（ファイル転送プロトコル）サーバ上に置かれた特定のファイルをファイル名から検索できるシステムだった。ファイルの内容から検索できるようになったのは1991年にミネソタ大学で開発された Gopher とされるが、いずれにせよこれらは Web が普及し出す前の話である。

　いわゆる検索エンジンが登場するのは、Web 技術が一般に無料で開放された1993年以降である。それ以前は手作業で Web サーバのリストが維持管理されていた[1]。Web ページを対象とした最初期の検索エンジンとしては1993年にジュネーブ大学の研究者らが公開した W3 Catalog とされる。ただしこれはすでに存在する Web サイトのミラーリングサイトをつくり、それら複製データに検索をかけるというものに過ぎなかった。だが早くも同年には、（検索できる項目が Web ページのタイトル名などに限定されていたとはいえ）現代型検索エンジンの要件といえる**クローリング**、**インデキシング**（**索引**作成）、検索・表示と

---

1) Berners-Lee, T. "World-Wide Web Servers" W3C. https://www.w3.org/History/19921103-hypertext/hypertext/DataSources/WWW/Servers.html（2021年5月25日アクセス）

図7.1　2001年4月時点の Google と Yahoo!
（出所）Wayback Machine（https://archive.org/web/）（2021年5月25日アクセス）

いった機能をもつシステムがほかにもいくつか現れている。さらに翌年の1994
年にはカーネギーメロン大学で開発された Lycos など、Web ページに含まれ
たテキスト全文を検索可能なシステムが開発された。同年にはスタンフォード
大学の大学院生だったジェリー・ヤンとデビッド・ファイロにより Yahoo！
も設立されている。そのほかにも多数の商用検索エンジンが開発されていき[2]、
いわば群雄割拠の時代となるが、1990年代後半の一般的な傾向として、検索エ
ンジンが次第にポータルサイトの一機能として組み込まれていった点を指摘で
きる。図7.1は2001年時点の Google と Yahoo！の日本版トップページだが、
後者の Yahoo！には Web ディレクトリや検索窓にとどまらず、ニュースや掲
示板などの多様なコンテンツが散りばめられていることをみてとれる。

## 2.2　Google の台頭

　Google は、Yahoo！と同じスタンフォード大学の大学院生だったラリー・
ペイジとセルゲイ・ブリンにより作られ、1998年から正式にサービスを開始し
た。Web 上のデータ量が爆発的に増大するに伴い、ディレクトリ型検索エン
ジンのアプローチでは少なくとも網羅的な Web 検索を行うのが現実的でなく
なっていくなか、Google は後述するページランクと呼ぶ検索アルゴリズム、

---

2) Wikipedia contributors "List of search engines" Wikipedia. https://en.wikipedia.org
/wiki/List_of_search_engines （12 April 2021, at 07:14（UTC））（2021年5月25日アクセス）

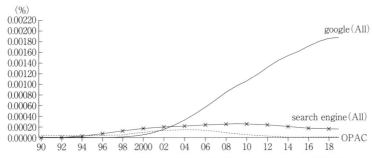

**図7.2**　Google Books（デジタル化書籍［英語］）における各語の出現頻度
（出所）Ngram Viewer（https://books.google.com/ngrams）（2021年 5 月25日アクセス）

検索キーワードを売買対象とする広告型のビジネスモデルを採用してサービス
を拡大させていく。また他の検索エンジンがポータルサイト化して複雑なレイ
アウトに変わっていくなか、検索窓を画面の中心にすえたシンプルなユーザイ
ンターフェースを維持し、着実に利用者数を増やしていった。現状、Google
は Web 検索の領域で圧倒的な市場シェアを誇る。学術情報に対象を絞った
Google Scholar と呼ぶ検索サービスもある。

　Google が躍進する様子を示すあくまで一例に過ぎないが、図7.2は **Google
Books** に収録された書籍（ここでは英語で記されたデジタル化書籍または電子書籍）
の全文データにおいて関連語が出現する頻度を表す。図からは、単語「Goo-
gle」の出現頻度が「OPAC」を超えるのは2001年、「検索エンジン」を超える
のは2002年で、その差が拡大傾向にあることを読みとれる（描画していないが
「Google」が「Yahoo」を超えるのは2000年）。「Google」は日常用語となるまでに
普及し、たとえば2006年には『オックスフォード英語辞典』に動詞として収録
された。日本語でも Google で検索することを指して「ググる」という俗語表
現が用いられる場合もある。

　とはいえ世界をみわたすと、中国における Baidu（百度）、韓国における Na-
ver、ロシアにおける Yandex など、国によっては自国産の検索エンジンが普
及しているところもある。なお、日本でも経済産業省が2007年から2010年にか
けて国産の検索エンジン開発プロジェクト（情報大航海プロジェクト）を進めた

が、実用化には至らなかった。

## 2.3　検索エンジンの社会的影響力

　検索エンジンに単語を入力して Web 上のコンテンツやサービスを探すことが一般的な行為となるにつれ、コンテンツやサービスを提供する側からすると、検索エンジンで発見されない限り存在しないに等しい状況へ陥ってしまう。

　そのためマーケティングの観点から検索エンジンの仕組みを分析し、検索結果の上位に表示されるような Web ページの作成・公開方法が模索されだした。**検索エンジン最適化**（Search Engine Optimization: SEO）と呼ぶビジネス領域もうまれた。ただしその最適化の手法が悪質あるいは極端な場合（例：対象コンテンツとは関係ない、かつ画面にも表示されないテキストを Web ページに埋め込み、検索されやすくするなど）はスパム行為とみなされ、検索結果の表示順が下位になる、あるいは検索エンジンの索引から削除されることもある。

　検索エンジン経由でのクリック数を増やすため、検索されたキーワードに関連する広告を検索結果とは別に（たとえば画面上部に）表示する**連動型広告**などの手法がとられる場合もある。検索エンジンを提供する企業の収益はこのような広告収入から得られていることが多い。

　SEO や検索連動型広告の例は、検索エンジンの返す結果が完全に価値中立的なものとはいえないことを物語る。さらにいえば、そもそも各検索エンジンの返す結果はその収集範囲や検索アルゴリズムに依存する。検索エンジンによっては利用履歴などを学習して個々の利用者に最適な情報を優先した結果が表示されるものもある。裏返せば、利用者は自分にとって心地よい情報の「泡」に包まれる一方、望まない情報からは気づかないうちに遠ざけられてしまう。このような状態を**フィルターバブル**と形容し、その危険性が指摘されている。

　検索エンジンは、利用者の検索履歴を蓄積しているだけでなく、他者に知られたくない過去の事柄が記された Web ページや著作権を侵害しているコンテンツを検索可能としている場合もある。つまり、検索エンジンがもたらす社会

的な影響はプライバシーなど個人の諸権利にまで及ぶ可能性があり、それら諸
権利に配慮したサービスが検索エンジン事業者には強く求められるようになっ
てきている[3]。また世界規模の検索システムでは**分散コンピューティング**の技
術（複数に分割されたプログラムの処理がネットワーク上にある複数のコンピュータで
同時並行的に実行される計算手法）が利用されているが、そのシステムを安定稼
動させるには大量の電力消費を伴う。したがって、検索エンジン事業者は**デー
タセンター**における温室効果ガスの排出量削減という課題にも対応を迫られて
いる。

## ③　検索エンジンの仕組み

　Webページを対象とした情報検索システムでは、ハイパーリンクの構造、
多様な品質・更新頻度、膨大なデータ量、大規模かつ複雑な問合せ（クエリ）
といった特性を考慮する必要がある。ここからは検索エンジン特有の仕組みに
ついてみていこう。

### 3.1　収集（クローリング）

　あらかじめ対象となるWebページに関するデータを集めて体系的に整理し
ておかなければ、あとから効率的に検索することはできない。具体的には
Webページ間のハイパーリンクをたどってデータは収集される。この収集を
行うプログラムをロボットや**クローラ**、収集処理のことを**クローリング**などと
呼ぶ。

　図7.3はクローリングのイメージを表す。クローラは起点となるWebペー
ジのURLから収集を開始する。図7.3の場合はWebサイトAのトップページ
が起点となっている。なお、URLや、URLとIPアドレスとの対照表などか
ら構成される収集対象リストは、以降、優先度が付与された上で更新管理され

---

3）利用履歴を集めないなどプライバシー保護を最優先した検索エンジンも多数開発されてい
る（例：DuckDuckGo）。

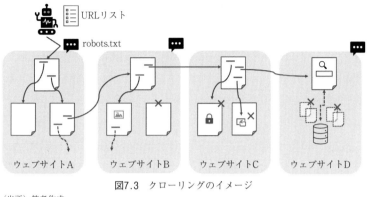

図7.3　クローリングのイメージ

（出所）筆者作成

ていくことになる。

　次いで対象 Web ページにクローラ（ロボット）がアクセスしてよいかが**ロボット排除プロトコル**で確認される。具体的には Web サイトの最上位ディレクトリに置かれた robots.txt の内容で判断を行う。図7.4はその一例だが、Web サイトを管理する側からすれば、適切な指示をクローラ側に示す必要があるということになる。アクセスが許可されていれば、クローラはリンクをたどり Web ページを構成する各種ファイルをダウンロードしていく。Web サイトによって応答時間はそれぞれ異なるため、複数のクローラが複数の Web サイトを並行して収集することになるが、Web サーバに負荷をかけないよう一定の間隔をあけて処理は実行されなければならない。なお再収集時の処理を高速化するため、収集対象のリストやダウンロードした Web ページのデータは**キャッシュ**（一時データ）として保存される。

　しかし通常のクローラでは収集できない Web ページやコンテンツもある。たとえば、どこからもリンクされていない Web ページ、パスワードがかけられてアクセスできない Web ページ、JavaScript などにより動的に生成されるコンテンツ、データベースなどパラメータ付きの問合せに対して動的に生成される Web ページがあげられる。クローラが収集可能な**表層 Web** と対比させて、これらを**深層 Web** と呼ぶ場合もある。

```
1 # 例 1：Googlebot というクローラについては example フォルダ以下のクロール不可
2 User-agent：Googlebot
3 Disallow：/example/
4
5 # 例 2：他のすべてのユーザエージェントはサイト全体のクロール可（初期設定のため省略可）
6 User-agent：*
7 Allow：/
```

**図7.4　robots.txt の例**

（出所）筆者作成

```
1 <?xml version="1.0" encoding="UTF-8"?>                          #XML文書であることの宣言
2 <urlset xmlns="http://www.sitemaps.org/schemas/sitemap/0.9">    #現在のプロトコル標準を参照
3   <url>                                                          #各URL単位で記述
4     <loc>http://www.example.co.jp</loc>                          #WebページのURL
5     <lastmod>2021-05-25</lastmod>                                #Webページの最終更新日
6     <changefreq>monthly</changefreq>                             #Webページの更新頻度
7     <priority>0.8</priority>                                     #Webサイト内での優先度
8   </url>
9 </urlset>
```

**図7.5　サイトマップ（xml 形式）の例**

（出所）筆者作成

　Web サイト所有者の観点からすると、**サイトマップ**を提供することでクローラに収集されやすくなる。図7.5は Web サイトの構造、Web ページの更新頻度や重要度などをクローラに伝えるサイトマップの例である。これによりクローラは収集対象となる URL の集合を効率よく作成でき、更新されたタイミングで該当の Web ページを収集しにいくことが可能となる。なお同じ Web サイト内の Web ページでもその更新頻度はさまざまかもしれず、たとえば過去に収集したものとまったく同じであれば再収集する必要はない。そのため、ファイルの**ハッシュ値**（一定の計算方法で得られた一意の値）などにもとづき差分を確認し、差分が検出されればクローラは対象データの収集を行うという手法がとられている。

## 3.2　整理（インデキシング・静的ランキング）

　ダウンロードされた Web ページは解析され、たとえば html ファイルではタグが取り除かれたうえで、ファイルに含まれた語について索引が作成（インデキシング）されていく。語の切り出しや索引語の重み付けなど、索引の作成

| | |
|---|---|
| 画面表示 | https://www.ndl.go.jp ▾<br>**国立国会図書館－National Diet Library**<br>国立国会図書館の公式ウェブサイトです。当館は、国内外の資料・情報を広く収集・保存して、知識・文化の基盤となり、国会の活動を補佐するとともに、行政・司法及び国民に図書館サービスを提供しています。 |
| ソースコード | ……<br>〈title〉国立国会図書館－National Diet Library〈/title〉<br>〈meta name＝"description" content＝"国立国会図書館の公式 Web サイトです。当館は、国内外の資料・情報を広く収集・保存して、知識・文化の基盤となり、国会の活動を補佐するとともに、行政・司法及び国民に図書館サービスを提供しています。" /〉<br>…… |

図7.6　Web ページのタイトルとメタタグの例

（出所）筆者作成

方法は第5章でみたものと基本的に違いはない。検索エンジンで特徴的なのは、あらかじめ**静的ランキング**を生成しておく点である。静的ランキングは Web ページの内容やリンク構造を解析することでえられる。

　Web ページの内容は、たとえば付与されたタイトル、概要が記述されたメタデータ、マークアップ言語で構造化されたタグ、ページ間の関係性の分かりやすさなどにもとづき判断される。そのうちタイトル（〈title〉タグで囲まれた部分）と概要のメタデータ（〈description〉タグで囲まれた部分）の例を図7.6で示した。図からは HTML で記された内容が検索エンジンの検索結果の画面上でも表示される関係にあることが分かる。このようなテキストデータで Web ページの内容を記すことが重要で、動画像についてもその内容を代替する説明文を HTML 内に記しておくと検索エンジン側も理解でき、ランキングが最適化される可能性が高まる。

　リンク解析で有名なアルゴリズムは、ハイパーリンクの構造をうまく活用した Google の**ページランク**である。ページランクとは、ある Web ページから別の Web ページへはられたリンク関係にもとづき Web ページの重要度を評価する計算手法のことをいう。ページランクの基本的な発想は学術論文の引用関係に似ている。単純化していえば、ある著者が記した重要な論文（Web ページ）は他の多くの著者から引用（リンク）されているはずで、引用されることの多い論文から引用された論文もまた重要度が高いとみなされるが、逆にいう

と、いくら引用数が多くても重要度の低い論文からの引用に過ぎなければその論文の重要度は高いとみなされない、という発想である。ただしここで触れた静的ランキングの観点はあくまで一例に過ぎず、実際にはより多くの指標が用いられているとされる。

## 3.3　提供（検索・動的ランキング・表示）

　検索エンジンでは、項目を指定できる詳細検索メニューが提供される場合もあるが、通常は検索窓が一つ用意され、利用者はその窓に検索語を一語または複数語入力し検索を行う。一般的な情報検索システムと同様、検索エンジンでは問合された検索語と索引語が照合され、何らかのアルゴリズムにもとづき検索結果が返される。多くの検索エンジンでは、利用者から問合された履歴にもとづき、検索語に誤りがあればそれを動的に修正する、また検索語を入力中に候補語を表示するなどの支援機能が提供されている。あるいは、あらかじめ用意された関連語辞書にもとづき、類義語や同義語を追加して検索してくれる検索エンジンも多い。なお、こういった工夫により検索結果がゼロ件となる状況を回避できる。

　検索エンジンでは、検索語が入力されたら、各 Web ページの静的ランキングと問合せ内容（例：利用者の位置情報、言語、使用機器、検索履歴）などにもとづき**動的ランキング**が生成される。だが最適な検索結果とは、最新のトピックに関する問合せであればコンテンツの鮮度が重要になるし、図書館の開館状況など回答を直接表示した方がよい場合などもありえ、問合せの文脈に大きく依存する。そのため動的ランキングの生成にも多様な指標が用いられており、利用者からのフィードバックもえたうえで日々改良が続けられている。

　検索エンジンの検索結果は、このようなランキングにもとづき、1 ページに10 件などの単位でリスト形式により出力されることが多い。各結果には図7.6で示したように、Web ページの URL やタイトル、説明文（あるいはスニペットと呼ぶ抜粋）が表示される。利用者は自身で検索結果をジャンルや更新時期などの観点からフィルタリングする（絞り込む）こともできる。さらに Web サイ

トの構造が解析され、サイトリンク
と呼ぶ Web サイトの目次にあたる
ものを検索結果中に含めて出力する
検索エンジンもある。なお検索エン
ジンに限った話ではないが、レイア
ウトやフォントなどの細かな違いも
コンテンツのクリック率に影響を及

図7.7　Ａ／Ｂテストのイメージ
（出所）筆者作成

ぼすため、特定の要素が異なるＡパターンとＢパターンの Web ページをラン
ダムに表示させ、どちらがより利用されやすいかを確認するＡ／Ｂテストなど
も頻繁に実施されている（図7.7）。

**参考文献**

角谷和俊（2020）『Web で知る――Web 情報検索入門』サイエンス社。

西田圭介（2008）『Google を支える技術――巨大システムの内側の世界』技術評論社。

Büttcher, S. et al.（2010）*Information Retrieval: Implementing and Evaluating Search Engines,* MIT Press（梅澤克之ほか訳（2020）「第15章 Web 検索」『情報検索――検索エンジンの実装と評価』森北出版, pp.580-646）

Google「検索の仕組み」 https://www.google.com/intl/ja/search/howsearchworks/（2021年 5 月25日アクセス）

Google「検索セントラル」 https://developers.google.com/search（2021年 5 月25日アクセス）

┌─■□コラム□■──────────────────────

### プライバシーリテラシー？

　膨大な検索履歴を学習し、ますます「賢く」なっていく検索エンジン。なかでも Google は携帯端末や Web ブラウザ、アクセス解析サービスなどを介して位置情報や Web ページの閲覧履歴も取得してきた。ログインして電子メールやカレンダーなどの機能を利用すれば、各種履歴はアカウント情報と紐付けられる。多くの人が、プライバシーは保護されるべきだと考える一方で、ときには知らぬ間に、本来的には他

人に知られたくない私的な（あるいは秘密の）事柄をデータのかたちで第三者へ提供し続けてきたともいえる。もはや検索エンジン（や各種 Web サービス）を「賢く」使いこなすには、検索に関するスキルを磨くこと以上に、個人に関するデータを自身で管理できる力こそが必要とされているのかもしれない。「社会のデジタル化」が推し進められるのであれば、オンライン上のいわばプライバシーリテラシーの重要性は今後一層増していくに違いない。さて、図書館には何ができるだろうか。

（塩崎　亮）

# 第**8**章 インターネット上の情報発信（１）

## ① 非来館型サービスの広がり

　2020年初頭に始まった新型コロナウイルス感染症の世界的な流行は、図書館界にも大きな影響を与えた。すでにかなり浸透していた「場（所）としての図書館」というコンセプトが突如として反転し、来館せずとも提供可能なサービスの模索が始まったのである。

　コロナ禍で進展した**非来館型サービス**には、さまざまなものがある。読み聞かせや紙芝居、わらべ歌等の動画配信[1]を筆頭に、オンライン会議システムのZoom を用いた視覚障害者向けのオンライン対面朗読[2]、無料で利用可能な電子書籍や動画の案内、登校できなくなった児童や生徒のための学習支援情報をまとめた Web ページの作成など、制限のある状況下で自分たちに何ができるかを模索した現場の図書館員たちの努力がうかがわれる。

　非来館型サービスの一部は、以前からあったサービスの拡張でもある。たとえば本の宅配サービスは、障害者や高齢者、子育て世代など、対象を限定したかたちで実施する館は以前から存在していた。コロナ禍では、これを一般市民にまで広げた図書館がいくつかみられた。

　残念ながら、こうしたサービスは臨時のものとして、すでに停止されたサービスも少なくない。たしかに「場としての図書館」の重要性は、今後も失われ

---

1）東京子ども図書館 https://www.tcl.or.jp/youtube 動画配信を始めます　横浜市 https://www.city.yokohama.lg.jp/kurashi/kyodo-manabi/library/oshirase/douganado.html など（2021年4月9日アクセス）なお、読み聞かせ等の動画配信は著作権にも注意が必要である。
2）岐阜県図書館　https://www.library.pref.gifu.lg.jp/info-notice/2020/10/post-72.html、福岡市立点字図書館 https://www.fukushikyo.com/tenji/ など（2021年4月9日アクセス）

ることはないだろう。しかし一方で、これを機会に、むしろ戦略的に非来館型
サービスを進展させていく必要もあるのではないだろうか。

　非来館型サービスの要となるのは、情報通信技術である。特にWebサイト
は、モバイル端末からのアクセスも容易になり、情報発信のためのツールとし
てきわめて重要なものとなっている。そこで以下では、Webサイトを中心と
した、図書館によるインターネット上の情報発信についてみていくことにしよ
う。

## ② 図書館Webサイト

### 2.1 図書館Webサイトの構成

　一般的な**図書館Webサイト**（図書館ポータル）は、どのような要素で構成さ
れているだろうか。

　Webサイトとは、Webページの集まりである。一般に、Webサイトの入り
口にあたる**トップページ**に置かれることが多いのは、新着情報である。図書館
Webサイトの場合、各種のイベント情報や新着図書に関するお知らせなどが
これに該当する。図書館Webサイトのトップページに特徴的な要素としては、
開館日を示すカレンダーや、OPACの簡易検索ボックスがある（第9章参照）。
利用者それぞれに対してパーソナルな機能を提供するサイトなら、さらにペー
ジ上部などの目立つところにログインボタンが置かれることも多いだろう。

　図書館Webサイトのトップページ以外のページは、貸出条件や対象者等に
関する利用案内のページ、館内マップや地区館へのアクセスに関するページ、
OPACの詳細検索ページ、よくある質問（FAQ）に関するページ、子ども向け
の案内ページ、問合せフォームやレファレンス（調べ物相談）受付のページな
どによって構成されていることが多い。いずれもトップページに用意されてい
るリンクメニューからたどれるようになっている。

図8.1　VPN 接続による、学内ネットワークへの学外からの接続イメージ

## 2.2　情報資源の検索と提供

　公共図書館や大学図書館では、所蔵資料の目録を Web 上で検索することのできる **Web OPAC** が普及している[3]。大抵は所蔵の有無だけでなく、資料の詳細や貸出状況のチェックもできる。利用者がログインできるシステムでは、さらに予約やリクエスト等が可能な場合も多い。

　最近は、**電子書籍**を提供する図書館も徐々に増えつつある（第11章参照）。これまでは、電子書籍サービスを提供する会社（ベンダー）の専用画面にアクセスし、ログインして利用するものが多かったが、近年は OPAC と統合されたシステムも増えてきている。そうしたシステムであれば、OPAC の検索結果から資料閲覧へとシームレスに移行できる。

　さらに一部の公共図書館では、地域資料をデジタル化して Web 上に公開する**デジタルアーカイブ**の取り組みが行われている（第12章参照）。国立国会図書館や大学図書館では、同様に貴重書などのデジタルアーカイブ化が進みつつある。また、多くの大学や研究機関には、そこに所属する研究者が執筆した論文や調査データを一般向けに公開する**機関リポジトリ**が整備されている。いずれも図書館 Web サイトがアクセスの入り口となっていることが多い。

　一方、個々の図書館がそれぞれに利用契約を行っている有料データベースは、これまでは館内、大学であれば学内のコンピュータ・ネットワークからの利用が一般的だった。しかし近年は大学図書館を中心に、**VPN 接続**によって学外

---

3）学校図書館を中心とする小規模な図書館では、目録の電子化自体がいまだ途上にある場合もある。

からの利用を許容するケースが増えてきている。VPN（Virtual Private Network）とは、仮想的に構築されるプライベートネットワークのことで、インターネット上に仮想的な専用線をつくって学内ネットワークを拡張するような技術である（図8.1）。また、ユーザ認証を複数のシステムで共有する**シングルサインオン**環境の整備も進んできている。日本では国立情報学研究所と全国の大学等が「**学術認証フェデレーション**（学認、GakuNin）」[4]を構築、運用しており、学内外のサービスをシームレスに利用できる環境が整いつつある。

## ③ HTML と CSS

### 3.1 Web ページの構造を指定する HTML

第 4 章で確認したように Web はインターネット上のサービスの一つであり、特に**ハイパーテキスト**（hypertext）と呼ばれるタイプの文書の公開、閲覧を可能にするシステムである。ハイパーテキストとは、文書間を自由に連結（リンク）することのできる文書のことである。直訳すれば「文書を超える（hyper）文書（text）」であり、紙の文書では実現が難しい、非直線的でダイナミックな文書世界を可能にするメディアという意味が込められている[5]。

個々の Web ページは基本的に文書であり、より正確にはハイパーテキストである。ハイパーテキストシステムである現在の Web は、HTML と呼ばれる言語で書かれていることが多い。

HTML（HyperText Markup Language）は、文書を構成する見出しや段落、表やリンクといった要素を印づける（マークアップする）ことで、その文書の構造を指定する**マークアップ言語**の一種である。各要素のマークアップは、**タグ**と呼ばれる記号によってその前後を括ることでなされる。

たとえば表は、<table>というタグで始まり、</table>というタグで終わる。

---

4）学術認証フェデレーション https://www.gakunin.jp/（2021年 9 月 1 日アクセス）
5）Nelson, T. H.（1993）*Literary Machines*, Mindful Press（竹内郁雄・斉藤康己監訳（1994）『リテラリーマシン』アスキー）

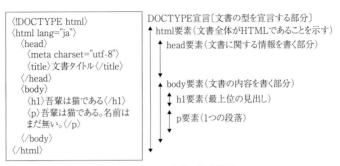

図8.2　HTML文書の基本構造

ほとんどの要素は、tableのようにアルファベットで表現された要素名を、<と>で挟んだ**開始タグ**で始まり、</と>で挟んだ**終了タグ**で終わる。見出しや段落といった要素（h1、h2、pなど[6]）であれば、見出しとして表示する言葉や段落の内容となる文章を、以下のようにそれぞれに応じたタグで括ればよい。

<h1>吾輩は猫である</h1>

<p>吾輩は猫である。名前はまだ無い。</p>

<p>どこで生れたかとんと見当がつかぬ。何でも薄暗いじめじめした所でニャーニャー泣いていた事だけは記憶している。吾輩は…</p>

HTMLの各要素は、その性質に応じた入れ子構造をとることができる。図8.2は、そうした入れ子構造によって成り立つHTML文書の基本構造を示している。HTML文書全体はhtml要素であり、そのなかにhead要素とbody要素が入り、さらにそのbody要素のなかに、h1要素やp要素、table要素といった文書の実際の内容の構造を示す要素が入る。

　HTML文書の実体は、このようにタグによって文書の構造が指定された、テキストデータのみからなるテキストファイルである。これをMicrosoft EdgeやSafari、Google ChromeといったWebブラウザと総称されるソフト

---

6) h1は最上位の見出し（heading rank 1）、h2は第二位の見出し（heading rank 2）、pは段落（paragraph）をマークアップするために用いる要素名である。

```
〈!DOCTYPE html〉
〈html lang="ja"〉
  〈head〉
    〈meta charset="utf-8"〉
    〈title〉貸出案内(ミネルヴァ図書館)
〈/title〉
  〈/head〉
  〈body〉
    〈h1〉貸出案内〈/h1〉
    〈ul〉
      〈li〉1人15点まで借りられます〈/li〉
      〈li〉期間は2週間です〈/li〉
      〈li〉延長は1回に限り可能です〈/li〉
    〈/ul〉
  〈/body〉
〈/html〉
```

図8.3　テキストデータとしての HTML（左）と Web ブラウザでのその表示（右）

ウェアを通してみたものが、我々が普段みている Web ページである。つまり、テキストデータとして作成された HTML 形式の文書の構造は、Web ブラウザによって解釈され、Web ページとして表示される（図8.3）。

### 3.2　Web ページのスタイルを指定する CSS

　Web ページの構造を指定するのに使うのは HTML だが、Web ページのスタイル（デザイン、みた目）を指定するのに使うのは CSS（Cascading Style Sheets[7]）である。かつてはスタイルも HTML のタグによって指定していたが、後述（第9章）のようにアクセシビリティの観点から今日では推奨されていない。

　CSS によるスタイル指定は、セレクタ、プロパティ、値の3セットで行う。これらはそれぞれ、何を対象として（セレクタ）、どんなデザイン的性質を（プロパティ）、どのように設定するか（値）に相当する。たとえば、セレクタとして h1 を、プロパティとして color を、値として red を指定すると、h1要素の、色を、赤くする、というスタイル指定になる（図8.4）。

　HTML と CSS の連携にはいくつかの方法があるが（表8.1）、複数の Web ページに同様のスタイルを適用するのに都合がよいのは外部リンク方式である。

---

7）Cascade とは階段状の滝のことで、Cascading という言葉は、上位の要素へのスタイル指定が下位の要素にも引き継がれていく様を表現している。

**図8.4** CSSの記述方法（「h1」要素の「色」を「赤」に指定する例）

**表8.1** HTMLとCSSの連携方法

| 埋め込み方式 | HTMLのhead要素に<style>タグをつくって記述する方法 |
|---|---|
| インライン方式 | HTMLのbody要素内の個別のタグに対して記述する方法 |
| 外部リンク方式 | HTMLファイルとは別にCSSファイルを用意し、HTMLファイルから参照されるようhead要素にリンクを記述する方法（図8.5） |

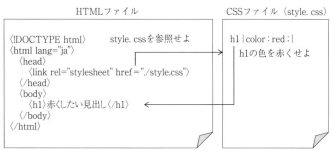

**図8.5** 外部リンク方式によるHTMLファイルとCSSファイルの連携

CSSもHTMLと同様、その実体はただのテキストデータであるため、テキストファイルとしてCSSファイルを作成しておき、HTMLファイルからそれを参照するよう指定してやればよい（図8.5）。

## 3.3 Webサーバの役割

　HTMLファイルやCSSファイルは手元のコンピュータ上で簡単に作成することができるが、それだけでは他の端末からも閲覧可能なWebページとしては機能しない。こうしたファイルはWebサーバと呼ばれるWebサービスを提供するコンピュータ上にアップロードしてはじめて、通常の意味でのWebページとして機能する。画像や音声等を含むWebページの場合は、画像ファ

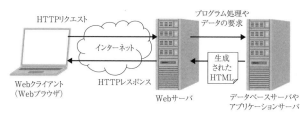

図8.6　動的ページが実現する仕組み

イルや音声ファイルも同様に Web サーバ上にアップロードしておく必要がある。

　Web サーバは、それを利用する **Web クライアント**（Web ブラウザ）からの要求に応じて、要求された Web ページに関係するデータを送信する機能をもっている。一方、Web サーバからデータを受け取った Web クライアントは、HTML によって指定されている文書構造を解釈するとともに、CSS によって指定されているスタイルを反映させる。さらに画像データ等がある場合は、それらの組込みを行って、一つの Web ページとしてそれを表示する。

　Web サーバは、同時アクセス数の制御や、通信履歴（アクセスログ）等の保存の役割も担っている。これらは通常時には目立たないが、負荷の集中を防いだり、不正アクセスへの対処を可能にしたりする重要な機能である。図書館としては事業者に任せることの多い部分だが、適切に設定していないと思わぬトラブルを生むため、注意が必要である（本章コラム参照）。

　また、そのコンテンツが動的に生成される Web ページの場合には、Web サーバの背後でさらに別のコンピュータやプログラムが動くことになる（図8.6）。たとえば通常、データベースの検索結果は、あらかじめ個々の HTML ファイルとして用意されている**静的ページ**ではなく、検索結果に応じてそのつど生成される**動的ページ**である。ログイン後にユーザごとに異なる情報を提供するページも動的に生成されている。こうした Web ページの場合は、Web サーバの背後で動くコンピュータやプログラムとの連携にも気を配る必要がある。

## ④ Web 上での情報発信のための技術

### 4.1 テキストエディタ

HTML ファイルや CSS ファイルの実体はテキストファイルであるため、テキストデータだけを作成、編集することのできる**テキストエディタ**さえあれば、誰でも簡単に Web ページを作成することができる。

テキストエディタは、一般的な PC 用の OS には最初からインストールされている[8]。単純な Web ページを作成する場合はそれを使えばよいが、もう少し高機能なテキストエディタを別途インストールして利用することもできる。

高機能なテキストエディタには、HTML タグの一部を自動作成するものや、色付け表示などで入力を補助するもの、Web ブラウザとの連携をスムーズにするものなど、さまざまなものがある[9]。有料のものも無料のものもあるので、機能との兼ね合いで選択するとよい。

### 4.2 Web オーサリングツール、Web サイトビルダー

一方、**Web オーサリングツール**（Web authoring tool）と呼ばれるソフトウェアを使えば、HTML や CSS を直接書かずとも Web ページを作成することができる。有名なものに、ジャストシステム社のホームページ・ビルダーや、アドビ社の Adobe Dreamweaver がある。こうしたツールでは、ワープロソフトで文書をつくるのに近い感覚で Web ページを作成することができる。ただし、細かな編集の際には HTML や CSS の基礎知識も必要となる。

近年はもっと簡易なツールとして、**Web サイトビルダー**（Website builder）と呼ばれるタイプのツールも登場している。これはいくつかの質問に答えたり、

---

8) たとえば Windows には画面下のスタートメニューからアクセスできる「すべてのアプリ」のなかに「メモ帳（notepad）」が、macOS には「アプリケーション」のなかに「テキストエディット」というテキストエディタが入っている。
9) 有名なものとしては、TeraPad、秀丸エディタ、サクラエディタ、mi、Visual Studio Code、Sublime Text などがある。

用意されているデザインテンプレート（雛形）を選択したりするだけで、デザイン性の高い Web ページを作成することのできるツールである。基本的にクラウドサービスとして提供されているため、PC にインストールするのではなく、Web ブラウザからアクセスして利用する。拡張性や柔軟性が低いため、比較的小規模な組織に向いているが、Web サーバをあまり意識することなく Web 公開までスムーズに行うことができるという利点がある。

## 4.3　CMS

CMS（Content Management System）という言葉は、Web コンテンツを効率的に管理することのできるシステムの総称として用いられている。先に述べた Web サイトビルダーもその一種といえるが、一般にはもっと自由度の高いシステムを指すことが多い。無償でソースコードが公開された、使用も改変も自由な**オープンソース**のものが主流で、データベースとともにサーバにインストールして使用する。機能拡張のための追加プログラム（プラグイン）やデザインテンプレートが豊富に存在する点も特徴である。

CMS では、Web コンテンツを効率的に管理するための仕組みが整えられている。一般に、公開ページと管理ページがあり、ログインすることで管理ページに入ってコンテンツを編集する（図8.7）。HTML や CSS の基礎知識があればより詳細な編集も可能だが、基本的にはワープロソフトを使うときのように簡単に編集でき、その場ですぐに更新できる。専門的な Web サイト管理者に更新作業を依頼する必要がなく、そのコンテンツに詳しい人自身が直接それを情報発信することができる。

また、多くの CMS はユーザ（アカウント）ごとに編集権限を割り当てることができる。これによって Web サイトを共同で管理したり、ページごとに分業したりすることも容易になっている。さらに、PC からのアクセスとスマートフォンからのアクセスを自動的に区別し、Web ページのスタイルをそれぞれにみやすいかたちで提示することもできる。これはデバイスに応じて CMS が同じコンテンツに異なるテンプレートを適用することができるからである（図

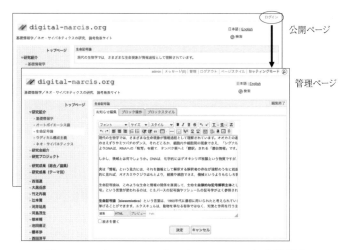

図8.7 CMS（NetCommons）による Web ページの編集場面

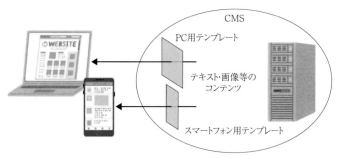

図8.8 CMS による接続デバイスに応じた Web ページの生成

8.8）。

　現在主流の CMS は、ブログ型とグループウェア型に大別することができる。ブログ型の CMS は、本来は日記形式の情報発信のために開発されたツールであるが、特にオープンソースの WordPress は、ブログという枠を超え、企業、学校、図書館等の Web サイトで広く使用されている。同様のものに、Six Apart 社の Movable Type や、やはりオープンソースの Drupal 等がある。

　一方、グループウェア型の CMS は、Web サイト上での共同作業が強く意識されたシステムである。日本では国立情報学研究所が開発した NetCommons

がよく知られており、学校 Web サイトや学校図書館 Web サイトに活用されている。類似のシステムとして、構成主義的な教育理念によって開発されたオープンソースの Moodle があり、主に大学の e ラーニングシステムとして世界中で使われている。こうした学習、教育系の CMS は、LMS（Learning Management System）や CMS（Course Management System）とも呼ばれている。

　CMS はこのように広く利用されているが、それだけにセキュリティ面では注意が必要である。特にオープンソースの CMS はサイバー攻撃を受けやすいため、CMS 自体のアップデートをこまめに行うなどの対策が必須である。

### 4.4　SNS

　Web サイト以外に、Twitter や Facebook、Instagram 等、既存の **SNS**（Social Networking Service）を活用する方法もある。

　短文投稿サービスである Twitter は、新着図書や季節のテーマ展示などのお知らせや、「今日は何の日？」のようなちょっとした話題提供に便利である。コロナ禍においては、臨時休館や開館時間の短縮、混雑具合の周知等、リアルタイムのこまめな情報発信にも活用された。その反面、Twitter の情報はその場限りのものとなりやすいため、寿命の長い情報は図書館 Web サイトに別途まとめるなどの工夫があるとよい[10]。

　Instagram や YouTube は、写真や動画といった視覚に訴える情報発信に適している。Instagram は運営元が Facebook と同じであるため、Facebook との連携にも強みがある。

　厳密にいえば SNS ではないが、LINE は企業などでは広報にも使われている。図書館関係では、マスコットキャラクタを LINE スタンプにして販売し、そ

図8.9　LINE スタンプになった平塚市図書館のマスコットキャラクタ「ぶくまる」

---

10）鎌倉市図書館はコロナ禍に行った Twitter 投稿の一部を図書館 Web サイトにまとめている。https://lib.city.kamakura.kanagawa.jp/kids/inhome_kids_song.html （2021年 4 月 9 日アクセス）

の売り上げの一部を資料費にあてるという活用例もある（図8.9）。

　SNS の多くは若年層に広く浸透しており、図書館からの情報発信ツールとして魅力的である。受け手との距離間が近い傾向にあるため、図書館を身近に感じさせる効果も期待できる。一方で、その手軽さと拡散力の強さは、いわゆるネットの「炎上」のような事態に陥りやすいというリスクも秘めている。

┌─■□コラム□■────────────────────────────────

### Librahack 事件

　Librahack 事件とは、2010年に岡崎市立中央図書館が入っている岡崎市図書館交流プラザ（通称 Libra）の Web サーバにアクセス障害が発生し、利用者の一人が逮捕された事件である。

　逮捕された利用者は、Libra の Web サイトが使いづらかったため、自作したプログラムで新着図書の一覧を自動的に収集していた。その収集頻度はなんら問題がないものであったが、Libra の Web サーバの接続数が限界に達して不具合が生じた。こうした事態を解決するため、Libra の職員は、図書館システムを担当していた事業者と相談しながら対応策を練った。しかし、事業者の対応のまずさも伴って、サイトが攻撃を受けていると勘違いし被害届を警察に出す。結果として、利用者が逮捕されるに至った。

　この事件には、さまざまな問題が潜んでいるが、図書館は、そのコンピュータ・システムを事業者に丸投げにして済ませてはならないことを浮き彫りにした事件であるといえる。実際に実装しなくとも、どのような時にトラブルが発生するかを仕様をみて確認しておき、事業者に具体的な質問をできるように準備しておかなければならない。

（河島茂生）
└────────────────────────────────────────

| 第9章 | インターネット上の情報発信（2） |
| --- | --- |

## 1 ユーザビリティ

本章では、インターネット上の情報発信において留意すべき考え方と、それらに関連する具体的な方法を確認していこう。「ユーザビリティ」のように、一般に重要とされる事柄だけでなく、「アクセシビリティ」のように、多様な利用者が見込まれる図書館だからこそ特に気を配るべき事柄もある。

まず**ユーザビリティ**（usability）とは、use（利用操作）＋ ability（可能であること・すぐにできること）で、対象となるものの使い勝手のよさ、利用上の分かりやすさ、操作のしやすさなどを意味する言葉である。Web サイトに関するユーザビリティは、特に **Web ユーザビリティ**と呼ばれることもある。

以下、図書館 Web サイトのユーザビリティを高めるためのテクニックを、平塚市図書館の Web サイト（図9.1、図9.2）を例として説明していこう。なお、ここでは Google Chrome で閲覧した PC 画面を用いるが、実際には他の Web ブラウザやスマートフォン端末での閲覧も考慮する必要がある。使用される Web ブラウザの種類や画面サイズ、端末等に合わせて見やすく表示する**レスポンシブ Web デザイン**も、ユーザビリティを高める大事な要素である。

### 1.1 トップページ

図書館 Web サイト（図書館ポータル）の利用者が、頻繁に、迅速に参照・利用したいと思うであろう機能は、蔵書検索（OPAC）、更新情報、カレンダーなどであり、これらはトップページに配置することが望ましい（図9.1）。

**図9.1** 平塚市図書館 Web サイトのトップページ（部分）[1]

(1) 蔵書検索（OPAC）

　トップページには OPAC の簡易検索ボックスと詳細検索へのリンクボタンがあるとよい。図9.1ではサイト上部に「かんたん検索」のボックスとその右側に「詳細検索」へのリンクボタンがある。

(2) 更新情報

　図9.1では中央に「図書館からのお知らせ」として掲載されている部分が更新情報に該当する。頻繁に編集が必要な部分であり、図書館員が直接編集することもあるため、表現やデザインには注意する必要がある。

---

1) 平塚市図書館　https://www.lib.city.hiratsuka.kanagawa.jp/（2021年 8 月27日アクセス）

(3) カレンダー

1館であればカレンダーをトップページに配置することが望ましい。

平塚市図書館は中央図書館と3つの分館からなる。トップページに4館のカレンダーを配置すると見づらくなるので、工夫が必要である。

図9.1の左側に「本日8月27日開館情報」と表示されている箇所をクリックすると各図書館（中央図書館と各地区館）のページに移動し、そこに各図書館のカレンダーが掲載されている。

## 1.2　下層ページ

トップページからリンクをたどって開かれるページを、**下層ページ**（sub-page）という。下層ページに共通に配置されるべきものとして、トップページへのリンク、メニュー、パンくずリストがある（図9.2）。

(1) トップページへのリンク

どの下層ページからでもトップページに戻ることができるように、各ページの同じ位置（たとえば左上）に、トップページへのリンクを設けることが望ましい。

(2) メニュー

どの下層ページからでも、そのWebサイトの主要なメニューに入り直せるように、トップページに置かれるメニューと同じメニューを、「サイト共通メニュー」として各ページに設けることが望ましい。

下層ページに、さらに次のページへの選択肢（図9.2の例では「中央図書館」「北図書館」「西図書館」「南図書館」の4つ）がある場合、いちいち戻らずに別の選択肢のページに切り替えられるように、「下層ページ共通メニュー」を設けることが望ましい。

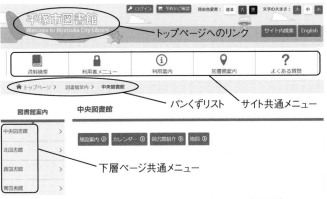

図9.2 平塚市図書館 Web サイトの下層ページ（部分）[2)]

(3) パンくずリスト

**パンくずリスト**とは、トップページからどのようにたどって現在のページに
いるかを示すもので、童話『ヘンゼルとグレーテル』でヘンゼルがたどった道
を覚えておくためにパンくずを落としていったことにちなんで名づけられてい
る。

図9.2では、「トップページ > 図書館案内 > 中央図書館」となっている部
分がこれに該当する。パンくずリストは項目の文字列がリンクになっており、
上の例では、「トップページ」と「図書館案内」の文字列がそれぞれのページ
へのリンクになっている。

## ②　UI と UX

インターネット上の情報発信においては、ユーザビリティに加えて、UI と
UX のための工夫が求められる。

**UI** とは、**ユーザインターフェース**（User Interface）の略である。インター

---

2) 平塚市図書館　中央図書館 https://www.lib.city.hiratsuka.kanagawa.jp/contents?3&pid=34
（2021年8月27日アクセス）のページに筆者書き込み

フェース（interface）とは、「境界面、接点」のことであり、UI はユーザ（利用者）とモノ（機械）との接点のことである。たとえば Web サイトを PC やスマートフォン、タブレットなどで閲覧しているときは、文字の大きさ、フォント、色調、アイコン、レイアウト、画像、ボタンなど、画面上で

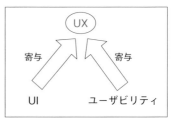

図9.3　UI、UX、ユーザビリティの関係

みられる情報すべてが UI（利用者と機械との接点）の要素になる。

　UX とはユーザエクスペリエンス（User eXperience）の略である。エクスペリエンス（experience）とは、「体験、経験」であり、UX は、ユーザが商品やサービスを利用したときに得られる総合的な体験や感情のことである。使いやすい、分かりやすい、見やすい、美しい、楽しいなどの肯定的な体験や感情をもたらすことが望ましい。

　前節で述べたユーザビリティと UI、UX との関係を図式化すると、図9.3のようになる。

　意味が直感的に理解できるリンクボタンのデザインや、文字情報を付したアイコンボタンなどの UI デザインの工夫をはじめとして、先に述べたメニューの配置やパンくずリストなど、Web サイトに利便性の高い機能を付加するユーザビリティ向上の取り組みは、UX を高めることに寄与するかたちで考えられる必要がある。

　ここで重要となるのは、UX の前提として、ユーザの求める情報や機能が分かりやすいかたちで用意されなくてはならない、ということだ。そのためには、ペルソナ（ターゲットとなるユーザ）を具体的に考え、その UX を高めるために必要な要素を導き出すことが必要である。手段としての UI とユーザビリティの工夫で、高い UX が得られるのである。さらに、情報を分かりやすく伝え、ユーザが情報をみつけやすくする技術である**情報アーキテクチャ**（Information Architecture：IA）の考えを取り入れていくことも必要になってくるだろう。

　ペルソナの措定（どのような利用者をターゲットとするかの決定）に際しては、

図書館の場合、情報弱者となりやすい高齢者・障害者の存在にも配慮すること
が必要だ。これについて次節以降で解説する。

### ③ アクセシビリティ

## 3.1 Web アクセシビリティ

　アクセシビリティ（accessibility）とは、「access ＋ ability」、つまり「アクセ
ス（到達）が可能であること」を意味し、特に情報分野では「情報アクセシビ
リティ」といったり、Web サイト上の情報にアクセス可能であることを表す
言葉として、**Web アクセシビリティ**という語が使われたりする。

　Web アクセシビリティにおいて意識される対象は、通常の状態では情報機
器が使用しにくい人々、特に高齢者・障害者などである。図書館を含む公共サ
イトの情報発信では情報バリアの可能性をあらかじめ想定し、「到達できない」
という事態をなるべく避けるために、何らかの代替手段を講じることが求めら
れる。

　たとえば視覚障害者は音声読み上げソフトとキーボードを使って情報機器を
利用する人が多いが、画像データなどの音声化されない情報や、マウスの操作
が必要な情報には到達できない。全盲、弱視、色覚障害など多様な利用特性を
もつユーザに配慮して、Web 上のコンテンツ（内容）にアクセス（到達）しや
すい Web サイトのデザインにすることが重要である[3]。

　Web アクセシビリティに関する指針として、日本では JIS X 8341- 3（高齢
者・障害者等配慮設計指針—情報通信における機器、ソフトウェア及びサービス—第3
部：Web コンテンツ）が定められている。8341は、「やさしい」という言葉の当

---

3) 視覚障害者の実際の PC 利用の様子を知るには総務省が公開している下記の動画が参考に
なる。
視覚障害者（全盲）のウェブページ利用方法
https://www.youtube.com/watch?v=RLIKacI05fE（2021年8月27日アクセス）
視覚障害者（弱視）のウェブページ利用方法
https://www.youtube.com/watch?v=p80PJXMPIDY（2021年8月27日アクセス）

て字である。JIS は Japanese Industrial Standards の略で、以前は日本工業規格と呼ばれていたが、2019年7月に「日本産業規格」に改称された。国際的な指針としては WCAG（Web Content Accessibility Guidelines）がある。

　総務省では、国、地方公共団体等における Web アクセシビリティ評価の取り組みを促進するため、「みんなのアクセシビリティ評価ツール miChecker（エムアイチェッカー）」を開発・提供している。

　以下、具体的な Web アクセシビリティのポイントについて解説する。

## 3.2　代替テキスト

　音声読み上げソフトを使用することによって、Web サイトの文字情報は音声化することができる。しかし画像は、その内容を解析して音声化することは現状では難しいため、画像の箇所に「○○の写真」などの説明の文字列をあらかじめ設定しておく。文字情報であれば音声読み上げソフトで音声化することができ、利用者の理解の助けになる。この文字列のことを「代替テキスト」という。

　第8章で確認したように、Web サイトは HTML という言語を使って作成される。HTML では< >で括った「タグ」と呼ばれる指示を組み合わせて Web サイトをデザインする。HTML で代替テキストを設定する具体的な方法の例を以下に示す。

```
<img src="ファイル名.jpg"　height="100"　width="100"　alt="国立国会図書館">
```

<img src>というのは「イメージ・ソース」（image source）つまり「画像の情報源」を意味する言葉で、「="ファイル名.拡張子"」の部分に、表示したい画像の名前を入れる。上の例では拡張子を「.jpg」にし、JPEG 形式の画像表示を想定しているが、他の形式の画像データでもかまわない。

　次に、height（高さ）と width（幅）を指定し、その画像をどのくらいの大き

さで表示するかを決める。

　この後に「alt="国立国会図書館"」という文字列がある。この引用符に囲まれた「国立国会図書館」という文字列が代替テキストである。alt（オルト）はalternative（オルターナティヴ、代替手段の）という意味で、画像の代わりに文字列の情報を提供するという意味である。

　以上の方法をまとめると、「代替テキストは img（イメージ）タグの alt（オルト）属性で設定する」と説明できる。

### 3.3　スタイルシート

　Web アクセシビリティのもう一つのポイントが、文字の大きさや配置などのレイアウトの方法である。例として、

　経　　　済
　国　　　際

のように、両端ぞろえで見せたい場合、間にスペース（␣）を入れて

　経␣␣済
　国␣␣際

としてしまうと、「けい　すみ」「くに　さい」のように、ばらばらの文字として読まれてしまう。

　そこで、文字の間にはスペースを入れずに「ここのブロックは両端ぞろえで表示」という設定を別の方法で指定する。これを可能にする機能がスタイルシート（style sheet）と呼ばれるもので、Web ページのデザインを指定するCSS（Cascading Style Sheets）という言語を使用して作成した別ファイルをHTML ファイルに連携させる方法が一般的である（第8章参照）。

　たとえば、「スタイルシート A.css」というスタイルシートを作成して指定

する場合、HTML ファイルの<head>部分に

<link rel="stylesheet"　href="スタイルシート A.css">

のように記述することで、「スタイルシート A.css」の内容を読み込むことができる。

　このように、Web サイトの文字のデザインは、読み上げがおかしくならないように、スタイルシートをつくって別途設定する。

## ④　カラーユニバーサルデザイン

　情報アクセシビリティの確保のために、特に注意したいポイントの一つが**カラーユニバーサルデザイン**（**CUD**：Color Universal Design）への配慮である。

　視力があっても、色の区別が難しい人たちがいる。赤と緑の区別がつきにくい色覚障害をもつ人は、日本人男性の20人に1人、女性の500人に1人、日本人全体では約320万人といわれる。「赤色のところは……」などといわれても、「赤色のところ」がどこか分からない人たちがいる。このことを考慮して、色だけに頼らず情報伝達する工夫がCUD である。色の工夫も使ってよいのだが、「色だけに頼らない」のがポイントだ。

　たとえば、特急、快速、各駅停車が赤、青、黒のように色だけで分けて表示されている時刻表は、CUDには特に配慮していないといってよく、色覚障害をもつ人にはどれも同じ色のように見えるかもしれない（図9.4）。これでは、どれが特急か

| 10 | | 05 | 20 | 35 | 50 |
| 11 | | 10 | 20 | 35 | 45 |
| 12 | | 10 | 25 | 40 | 55 |
| | | 特急 | 快速 | 各駅停車 | |

図9.4　CUD に配慮されていない時刻表の例

| 10 | | 05 | 20 | 35 | 50 |
| 11 | | 10 | 20 | 35 | 45 |
| 12 | | 10 | 25 | 40 | 55 |
| | | 特急 | 快速 | 各駅停車 | |

図9.5　単色でも分かるように改善した時刻表の例

快速かは、まるで分からない。

　CUD から見た対策として、特急は囲んで、快速はアンダーラインを引いてみると、図9.5のようになり、区別がつきやすくなる。

　このように、「色だけに頼らない」ようにするには、要は「単色ならどのように見えるか」を考えてみればよい。グラフなども色分けだけでなく縦線、横線、斜線、点線、水玉模様などを組み合わせるとよい。

　CUD への配慮は Web アクセシビリティの点でも重要だが、図書館における対面でのサービスや掲示物などにも同様の配慮が求められる。

## ⑤　インターネット上の情報発信の課題

　テレワーク（オンラインワーク）、オンライン授業、各種オンライン手続きが日常生活に浸透し、**デジタルトランスフォーメーション（DX）**といわれるようになった。また新型コロナウイルス感染症の感染拡大防止対策の一環としても、電子書籍、オンライン上での問合せ、オンラインレファレンスなどの非来館型・非接触型サービスが増加しており、ICT 技術を活かした図書館サービスの導入は不可避の動向である。

　このように、ICT をサービスに導入することで図書館の利用が便利にもなる一方、そのことによる不便や情報格差の問題も生じている。たとえば、以前は紙媒体で手に取って見られた資料が、オンラインでの提供のみになると、インターネットを使わない人や、情報機器の操作に不慣れな利用者には不便が増すことになってしまう。

　それらのデメリットを少なくするには、複数の情報提供手段やインターネットを利用できない図書館利用者のためのサポート窓口が確保されていることが望ましい。紙媒体を含め従来のコミュニケーションツールも活かしたサービスとの併用もしばらくは必要であろう。

　コロナ禍において、**著作権**に関連した課題も新たに浮上している。たとえば、館内で絵本を子どもに読み聞かせることは可能でも、絵本をオンラインで読み

聞かせして配信することは無許可ではできない（日本での著作権の支分権の一つとして公衆送信権が法定されている）。YouTube で見られる公式ではない読み聞かせ動画は基本的に違法である。思いついたサービスをそのまま実施するのではなく、著作権法などに鑑みて実行に移す必要がある。

---

■□コラム□■

## 情報バリアに架け橋を

　読書環境が変わる、読書バリアフリーが進む。そのバリアを取り除くための技術が、また新たなバリアを生む、なんてことがあるのだろうか。あるのである。

　たとえば、視覚障害者のためのオンライン対面朗読である。図書館に出向くというバリアがなくなり、時間や距離を気にせず利用できて便利になると思われたが、ネット環境に慣れていない人の場合には接続やログインに手間取り、新たなバリアともなっている。また、情報技術の変化、変更が利用者をとまどわせる。

　開発者や運営者がアクセシビリティ、ユーザビリティ、UI（ユーザインターフェース）を整え、利用者はスキルを身につけ自力で使いこなし便利だと思える段階にたどり着く。そこまでのプロセス、架け橋を用意することまでを含めて、情報バリアフリー、情報ユニバーサルデザインだと考えるべきだろう。

　情報ユニバーサルデザインの標語として「だれもが不便なく情報にたどりつける」といわれる。だが、現実には難しい。特に情報メディアの場合は、モノや建築とは違い、一度用意すればある程度そのまま使えるというものではなく、毎回そのつどの利用に工夫や配慮が必要となる。だからこそ、色々なセンスをもった〈ひと〉が、技術を使って〈ひと〉を生かし、困っている〈ひと〉を助けるという〈共助〉が、情報バリアフリー、情報ユニバーサルデザインの本質に含まれている。

　バリアをつくるのも〈ひと〉なら、そこに橋をかけるのも〈ひと〉である。一人ひとりの人間の力が、情報ユニバーサルデザインという場で常に試されているのではないだろうか。

（竹之内明子）

<table>
<tr><td>第10章</td><td>プログラミング</td></tr>
</table>

## 1　プログラミングとは

　プログラミングと聞くと、まだ「難解なもの」「専門家のもの」という印象が強いかもしれない。

　しかし、小・中学校でもプログラミング教育が必修化されるなど、重要さは増している。小学校のプログラミング必修化にあたっての手引きの「はじめに」では、次のように書かれている[1]。

　プログラミングによって、コンピュータに自分が求める動作をさせることができるとともに、コンピュータの仕組みの一端をうかがい知ることができるので、コンピュータが「魔法の箱」ではなくなり、より主体的に活用することにつながります……（中略）……コンピュータを理解し上手に活用していく力を身につけることは、あらゆる活動においてコンピュータ等を活用することが求められるこれからの社会を生きていく子供たちにとって、将来どのような職業に就くとしても、きわめて重要なこととなっています。

　図書館の世界でも、プログラミングのテキストとして2012年12月に『新着雑誌記事速報から始めてみよう』、2013年9月には『図書館員のプログラミング講座』が出版されており、この分野に詳しい人材の必要性をうかがい知ることができる。

---

1）文部科学省（2020）『小学校プログラミング教育の手引（第三版）』https://www.mext.go.jp/content/20200218-mxt_jogai02-100003171_002.pdf　（2021年5月20日アクセス）

　では、そもそもプログラミングとはなんだろうか？「**プログラム**」はコンピュータを動かすための命令の集合体であり、「プログラミング」は「プログラム」をつくる行為や技術である。

　プログラムによって決まった時間に自動的に処理を行うことや、Web サイトが閲覧されたタイミングでサービスを行うなどの、人間の仕事の肩代わりはもちろん、人間では不可能なほど大量のデータを処理して精度の高い予測などを行うことも可能となる。

　プログラミングを行うかどうかは別として、プログラミングやコンピュータを理解することは、図書館の業務を含むさまざまな場面で有効である。

　実際に図書館でも職員によるプログラミングが行われている。たとえば野田市立図書館では「在架なう！」や「web-OPAC ＋」がサイト上で提供されている。「在架なう！」は図書館のトップページに、返却されるなどして新しく書架に並んだ資料を表示するという仕組みである。「新着資料」や「予約ベスト」のようなほぼ貸出中のものではなく、いま書架にある資料を紹介したいという要望をかたちにしたものだ。

　「web-OPAC ＋」は図書館のパッケージシステムを少し変更したい際のカスタマイズの手段として使われている。「web-OPAC ＋」によって現場による柔軟で素早い修正が可能なため、野田市立図書館は、図書館横断検索サービス「カーリル」や、書誌情報提供 WebAPI「openBD」（後述）ができた際、いち早く、これらを Web-OPAC 内に取り入れることに成功している。

## ②　プログラミング言語

　コンピュータに命令を与える際は「**プログラミング言語**」を使用する。日本語を理解する人に向けたマニュアルが日本語で書かれているのと同様である。

　プログラミング言語には、パソコンで使える多機能な言語、家電などに組み込まれた小さなコンピュータで使える言語、Web サービスに使いやすい言語、表計算などのアプリケーション用の言語など、さまざまな言語があり、使い分

けられている。新しい言語も次々に生まれており、逆に使われなくなっていく言語も存在する。

　プログラミング言語は、その実行方式で 2 種類に分類される。「**コンパイラ型**」と「**インタプリタ型**」である。

　コンパイラ型は、プログラミング言語で記述したファイルをあらかじめ「コンパイラ」という仕組みでコンピュータが実行しやすい形式に変換しておく作業が必要な言語である。この作業はコンパイルという。

　**C 言語**や、そこから派生した **C ＋＋**、**Java** 等がこの方式である。先に実行しやすい形式に変換しておけるので、プログラムの動作時はコンピュータの負担が少なく、高速に稼働するという利点がある。欠点としては、修正の都度コンパイルが必要なので、頻繁に更新されるものでは管理が煩雑になるという点がある。このため、コンパイラ型は、コンピュータの OS やシステムの基幹部分など、堅牢さや速度が求められる分野、あるいは小さなコンピュータでのプログラムに使用されている。

　一方、インタプリタ型はプログラム言語で記述したファイルを毎回「インタプリタ」という仕組みで実行していく。利点として、プログラムの作成・変更が簡単にできることがある。ただし、コンパイラ型よりコンピュータの負担が大きく、低速になる。

　頻繁に更新が行われる Web サービスや、個人や職場内で使うような小規模なプログラムではインタプリタ型が使われることが多い。Web ブラウザにインタプリタが内蔵されている **JavaScript** や Microsoft Office のマクロを作成するときに使用する **VBA**、Web サービスでよく使われる **PHP** のほか、近年、人工知能開発で使われるようになった **Python** もインタプリタ型の言語である。

　ちなみに、前述の『新着雑誌記事速報から始めてみよう』は JavaScript、『図書館員のプログラミング講座』は Python を例にしている。

　プログラミングを学ぶ学習環境としては **Scratch**[2] がある。これはブラウザ

---

2) Scratch https://scratch.mit.edu/　（2021年 5 月20日アクセス）

上でパーツをくみ上げ、視覚的にプログラミングを体験できるサービスである。マウスなどで直感的にプログラミングできるので、プログラミングをする際の考え方「**アルゴリズム**」について、分かりやすく学習できる。

### ③　プログラミングの例①

## 3.1　JavaScript のプログラム（例１）

　まず簡単な例を使いプログラムの動きを説明する。図10.1は日時と曜日を表示し、月曜日の場合は「本日は休館日です」と表示する JavaScript を使用したプログラムである。

　JavaScript は html ファイル内に記述されることにより Web ブラウザで動き、一般的なテキストエディタで作成できるため、プログラムを試す環境が整えやすい。そのため、この章では事例に JavaScript を用いた。Web ページに使えるさまざまな機能が用意されている言語でもある。

　図10.1は html ファイル（図10.1左）と JavaScript プログラムファイル（図10.1右、test.js）に分かれており、html ファイルからプログラムファイルを読み込むことで、右の10行のプログラムを実行している。結果は図10.2のようになる。

　プログラムファイルの test.js を詳しくみてみよう。プログラムは基本的には上から順番に実行される。これを「**順次処理**」という。このプログラムでは１行目は実行のタイミングを「このページを開いたとき」に指定している。その後、２行目から６行目まで上から順番に処理され、画面に今日の日時と曜日を表示する処理を行っている。

　条件によって変わる処理を「**分岐処理**」という。７行目の if から９行目の｝までがそれにあたり、「今日が月曜日の場合、『本日は休館日です』を表示」という記述になっている。

　この他に、ここでは使われていないが、「**繰り返し処理**」がある。定められた回数、あるいは、指定の条件を満たすまで同じ処理を繰返す処理である。

| html ファイル | JavaScipt ファイル（test.js） |
|---|---|
| <!doctype html> | 1．window.onload=function(){ |
| <html lang="Ja"> | 2．const $today=new Date(); |
| <head> | 3．const $week=["日","月","火","水","木","金","土"]; |
| <meta charset="UTF-8"> | 4．let $d=document.getElementsByTagName('body')[0]; |
| <script src="test.js"> | 5．$d.innerHTML=' 日時:' + $today.toLocaleString(); |
| </script> | 6．$d.innerHTML +=' ' + $week[$today.getDay()]+ ' 曜日 '; |
| </head> | 7．if($today.getDay()==1){ |
| <body> | 8．$d.innerHTML +='<br/>本日は休館日です '; |
| </body> | 9．} |
| </html> | 10．} |

※ </head> と <body> の間に「JavaScript を読み込む」と注記

図10.1　日時と休館日を表示するプログラム

（出所）筆者作成

日時:2021/1/11 14:35:22 月曜日
本日は休館日です

この部分は月曜日の場合のみ
表示される。

図10.2　「図10.1」の実行結果

（出所）筆者作成

　プログラムは、基本的にこの「順次」「分岐」「繰り返し」の3つの処理を組み合わせて作成されている。

## 3.2　変数と配列

　プログラムは、多くの場合、データを取得⇒データを処理⇒処理結果を出力、という流れになっている。データを扱う入れ物を「**変数**」と呼ぶ。

　図10.1右の2行目 const $today = new Date(); では、$today という変数をつくり、現在の日時を入れている。変数をつくることを「宣言」、変数に入れるものを「値」、変数に値を入れることを「代入」という。図10.3左のようなイメージが分かりやすいだろう。

　図10.3では＝は代入を示す記号である。図10.1右のプログラム中には他に、＋＝や＋の記号がある。JavaScript では、＋は数字の加算の他に、文字列の結合という意味が、＋＝は元の文字列への追加の意味がある。たとえば、"ABC" ＋ "DEF" と記述すると二つの文字列が結合し、"ABCDEF" となる。

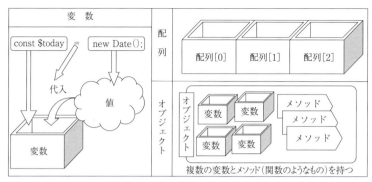

**図10.3**　変数と配列・オブジェクト

（出所）筆者作成

　値は数字や文字のこともあるし、「配列」や「オブジェクト」といった複雑な構造体の場合もある。$today に代入する new Date()は現在の日時を意味する複雑な構造をもつオブジェクトである。

　変数をどのように宣言するかは、プログラミング言語で異なる。JavaScriptの場合は、制約が厳しい順に、const、let、var の 3 種類の宣言方法がある。const は一度宣言したら変更できない。let は値を変更できるが、再宣言はできない。var は値の変更も再宣言もできる。

　言語によっては、変数の型（文字型か整数型か小数点型かなど）の指定が必要だったり、変数名の先頭に特定記号が必要だったりする。変数の制限がない方が簡単に思えるが、制限がある方が、修正や更新、複数の人間でプログラミングを行うときなどに管理が簡単になる。

　配列は変数が順番に並んだものである。図10.1右の 3 行目の const $week =[ "日", "月", "火", "水", "木", "金", "土" ];は $week という変数に、配列として日曜日から土曜日を表示するための文字列を代入している。

　6 行目の $week[$today.getDay()]で、現在（$today）の曜日（getDay は 0 ～6 の数字で日曜日から土曜日を取得する）を表示している。

　ほとんどのプログラミング言語では、配列の先頭は 0 から始まり、配列の n番目を求める場合には、n- 1 と指定する。また、番号ではなく「添字」と呼

ばれる文字で、各要素に名前を付ける場合もある。

　他に4行目のgetElementsByTagName('body')［0］も配列である。これは、bodyタグの1番目（配列的には0番目）という意味で、getElementsByTag-Nameで表示領域を指定し、その内容（innerHTML）となる文字列を代入している。

　オブジェクトは、変数と、後述するメソッドというものが集まった構造体で、順番に並んでいるというよりは、さまざまな部品でつくられているひと塊のものというイメージが近い。

## 3.3　関数・メソッド

　関数は、処理を行うコンピュータへの命令である。あるデータを受け取って決められた処理を行いデータを返させる。たとえば、「今日の日付を受け取って曜日を返す」や「定価を受け取って消費税込みの価格を返す」というものが考えられる。

　関数は、それぞれの言語であらかじめ用意されている標準ライブラリの他に、新しくつくることもできる。変数をつくることを「宣言」といったが、関数の場合は「定義」という。

　**オブジェクト指向**の言語では、関数に似たものにメソッドがある。そのオブジェクトに含まれる関数とイメージすると理解しやすい。aとbを合計する例で、sumが関数（またはメソッド）と考えると、関数の場合：sum（a,b）　、メソッドの場合：a.sum（b）　のようになる。

　JavaScriptもオブジェクト指向の言語であり、5行目のconst $today = new Date();　により変数$todayに日時オブジェクトを代入することで、$today.getDay()により曜日を0～6の数字で返すメソッドを使用できる。日時オブジェクトには、$today.getYear（年を返す）や$today.getMonth（月を0～11の数字で返す）などのメソッドがある。

　ここではプログラムの実際の動きと基本となる用語について触れた。基本的なプログラムは、変数にデータを代入し、関数で処理・出力（画面に表示）す

ることで成り立っているといえるだろう。

### ④　アルゴリズムとフローチャート

　**アルゴリズム**は、コンピュータに行わせる処理を「順次」「分岐」「繰り返し」の組み合わせ、つまりプログラミングを行う手順で考えたものである。アルゴリズム自体は考え方である。

　アルゴリズムを図にしたものがフローチャートである。図10.4はフローチャートで使用する主な記号の例である。

　フローチャートとはもともと業務の流れを可視化するためのツールである。図にすることで、直感的に処理やデータの流れが理解できる。たとえば、図書館で利用者に資料を貸し出す場面を考えてみよう。動作としては、利用者番号、次に資料番号を読込んで貸出処理を行う。アルゴリズムとフローチャートで表示すると図10.5のようになる。

　このように図にすることで、作業の流れや分岐が分かりやすくなる。

　次に図10.1のプログラムをフローチャートで表示したものが図10.6である。プログラムとあわせてみると、順次処理と分岐処理の組み合わせで記述していることが確認できる。

### ⑤　プログラミングの例②（データの連携）

　プログラムにはそれ自体で完結するものより、外部のデータ、たとえばデータベースや他のプログラムと連携して動くものが多い。図書館システムであれば、通常はデータベースと連携している。また多くの Web-OPAC は、表紙画像の表示に Google や Amazon の WebAPI（Web Application Programming Interface）を活用している。WebAPI とは、ある Web サービスを外部のアプリケーションやプログラムから扱えるようにしたインターフェースのことをいう。

　ここでは、冒頭で少し触れた openBD という WebAPI を使い、書誌情報を

| 入　力 | 処　理 | 条件分岐 | 繰り返し | 出　力 | 表　示 |
|---|---|---|---|---|---|

**図10.4　フローチャートの記号例**

（出所）筆者作成

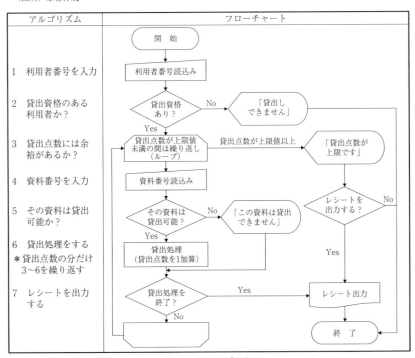

**図10.5　貸出処理のアルゴリズムとフローチャート**

（出所）筆者作成

表示するプログラムをつくってみよう。openBD は書誌情報や表紙画像を提供する WebAPI で、本の紹介が目的なら営利・非営利を問わず、登録不要で利用できる。なお、この情報は2021年 5 月時点のものなので、最新の情報については openBD のサイト[3]を確認してもらいたい。

---

3) openBD https://openbd.jp/ （2021年 5 月20日アクセス）

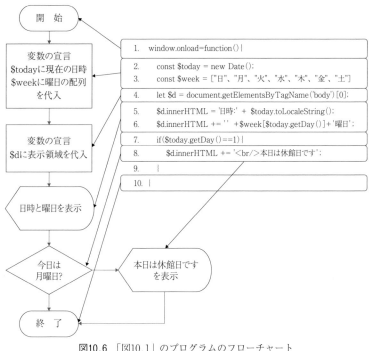

```
1.    window.onload=function(){
2.        const $today = new Date();
3.        const $week = ["日"、"月"、"火"、"水"、"木"、"金"、"土"]
4.        let $d = document.getElementsByTagName('body')[0];
5.        $d.innerHTML = '日時:' + $today.toLocaleString();
6.        $d.innerHTML += '' + $week[$today.getDay()]+ '曜日';
7.        if($today.getDay()==1){
8.            $d.innerHTML += '<br/>本日は休館日です';
9.        }
10.  }
```

開　始

変数の宣言
$todayに現在の日時
$weekに曜日の配列
を代入

変数の宣言
$dに表示領域を代入

日時と曜日を表示

今日は
月曜日?

本日は休館日です
を表示

終　了

**図10.6** 「図10.1」のプログラムのフローチャート

（出所）筆者作成

　ここでの例の実行結果は図10.7のようになる（実際はタテ並びで表示）。Java-Scriptには、外部データの取得用にfetchという仕組みがあり、比較的簡単にWebAPIを利用できる。図10.8で示したプログラムは、まずgetOpenBdという関数を定義しており、最後にwindow.onload（24行目）でWebページを開いたときにgetOpenBdを実行することが指示されている。

　getOpenBd関数は表示する資料をISBNで指定できる。このように関数を呼び出す際に指定するパラメータを「**引数**」という。図10.8では、ISBNが9784623084722の『図書・図書館史』[4]と9784623083961の『図書館サービス概論』[5]を指定している。4から24行目までがfetchの処理である。4行目の

---

4）山本順一監修・三浦太郎編著（2018）『図書・図書館史』ミネルヴァ書房。
5）山本順一監修・小黒浩司編著（2018）『図書館サービス概論』ミネルヴァ書房。

図書・図書館史　　　　　　　図書館サービス概論
山本順一／監修　三浦太郎　　山本順一／監修　小黒浩司
／編集　　　　　　　　　　　／編集
ミネルヴァ書房　　　　　　　ミネルヴァ書房
9784623084722　　　　　　　9784623083961

**図10.7**　「図10.8」の実行結果
（出所）筆者作成

https://api.openbd.jp/v1/get?isbn=　が利用する WebAPI（openBD）のアドレ
スである。$isbn は、getOpenBd で指定された ISBN が代入される。

　図10.8では、スラッシュの二つ重ね（//）の後に、説明（コメント）を書いて
いる。JavaScript では、//の記号の後は処理されない。これを活用して、プロ
グラムが見やすくなるようコメントを付けることができる。使う記号はさまざ
まだが、ほとんどのプログラムは、コメントを付けることができるようになっ
ている。

　データの処理について話を戻す。openBD から提供されたデータは fetch 内
で処理されている。7 行目から21行目までが繰り返し処理である。繰り返し処
理の記述には、シンプルに繰り返す条件を指定する while 文、より複雑な指定
ができる for 文がある。

　今回使っているのは、for 文の一種で for/in という文である。7 行目の for
（let $i in json）は変数 $i を処理が終わるたびに加算し（初期値は 0 から）、書誌
データの件数分の処理を繰り返す。今回の例では二つ ISBN の書誌を OpenBD
から受け取ったので、2 回処理を繰り返して終了となる。

　繰り返しのなかで行われている処理は、順次処理によるタイトル等の出力と

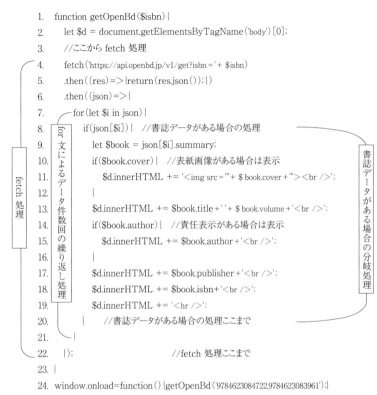

```
1.   function getOpenBd($isbn){
2.      let $d = document.getElementsByTagName('body')[0];
3.      //ここから fetch 処理
4.      fetch('https://api.openbd.jp/v1/get?isbn=' + $isbn)
5.      .then((res)=>{return(res.json());})
6.      .then((json)=>{
7.          for(let $i in json){
8.              if(json[$i]){   //書誌データがある場合の処理
9.                  let $book = json[$i].summary;
10.                 if($book.cover){   //表紙画像がある場合は表示
11.                     $d.innerHTML += '<img src="'+ $book.cover +'"><br />';
12.                 }
13.                 $d.innerHTML += $book.title +' '+ $book.volume +'<br />';
14.                 if($book.author){   //責任表示がある場合は表示
15.                     $d.innerHTML += $book.author +'<br />';
16.                 }
17.                 $d.innerHTML += $book.publisher +'<br />';
18.                 $d.innerHTML += $book.isbn+'<br />';
19.                 $d.innerHTML += '<hr />';
20.             }     //書誌データがある場合の処理ここまで
21.         }
22.     });                         //fetch 処理ここまで
23. }
24. window.onload=function(){getOpenBd('9784623084722,9784623083961');}
```

**図10.8**　API を使用して表紙画像と書誌情報を表示するプログラム

（出所）筆者作成

データの有無による分岐処理なので、コメントを参照したり、図10.1を振り返ることで理解できるだろう。

## 6　プログラミングの習得に向けて

　本章ではプログラミングについてみてきた。しかし、プログラムを理解するには、結局、「書いて動かしてみる」ことが早道である。

　一つの言語でプログラミング的思考が身につけば、新しい言語を学ぶことは難しくない。まず、実際に書くことから始めてみてほしい。

**参考文献**

牧野雄二・川嶋斉（2012）『新着雑誌記事速報から始めてみよう』日本図書館協会。

山本哲也（2013）『図書館員のためのプログラミング講座』日本図書館協会。

─ ■□コラム□■ ─────────

## ライブラリとフレームワーク

　プログラミング言語には標準の関数やオブジェクトの他に、さまざまな団体・個人が作成した関数やオブジェクトがある。作成された関数やオブジェクトをまとめ、一つのファイルにして公開したものを、**ライブラリ**、または**フレームワーク**という。

　JavaScript が広く使われるきっかけは、さまざまな Web ブラウザの違いを気にせずプログラミングできる Ajax や jQuery といったライブラリの登場であった。Python の普及のきっかけも、AI 開発に使いやすいライブラリができたからである。

　一般的には、ライブラリは作成した関数やクラスをまとめたもの、フレームワークは関数やオブジェクトを作成することでプログラミングの枠組みをつくるものという意味だが、明確な定義はなく、ライブラリと呼ばれていたものが他の場面でフレームワークと呼ばれることもある。

　近年は、**GitHub** などインターネット上でプログラムを共有する仕組みが普及している。こういった仕組みを介して既存のライブラリを活用することで、より簡単にプログラミングができるようになった。

（川嶋　斉）

<table>
<tr><td>第11章</td><td>電子資料の管理</td></tr>
</table>

## 1 電子資料の概要

### 1.1 電子資料の定義と分類

電子資料とは、情報の蓄積や流通に電子的媒体を用いた資料のことで、データの形式からデジタル資料と呼ぶこともできる。電子資料は、デジタル情報を光ディスクなどの記録媒体に収めた**パッケージ系資料**と、インターネットで利用者に提供する**ネットワーク系資料**に大別される（図11.1）。

もともとの「資料」概念は、物理的存在のある"モノ"にアナログ情報を収めたものであり、図書、雑誌、新聞などの「印刷資料」に始まり、マイクロフィルム、音声資料、映像資料などの「非印刷資料」へと拡張されてきた。さらに、20世紀後半にデジタルメディアが確立したことでパッケージ系の電子資料が登場した。パッケージ系資料は磁気テープ（MT）やフロッピーディスク（FD）に始まり CD-ROM、DVD、Blu-ray Disc 等の技術の進歩に従って次第に収められるデータ量が増大した。一方、物理的な存在があることから従来の資料と連続性があり、書架上に排列し、モノとして利用者に提供することができた。

図書館法の2008年改正で、図書館資料として「電磁的記録（電子的方式、磁気的方式その他人の知覚によっては認識することができない方式でつくられた記録をいう）」を含むことが明示されたことで、公共図書館ではパッケージ系の電子資料を収集し、公共に提供することが法的に認められた（この法改正以前から図書館現場では電子資料は収集され、提供されていた）。

その後、ネットワーク系資料が普及した。ネットワーク系資料は、モノとし

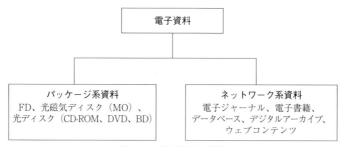

| 電子資料 |
| パッケージ系資料<br>FD、光磁気ディスク（MO）、<br>光ディスク（CD-ROM、DVD、BD） | ネットワーク系資料<br>電子ジャーナル、電子書籍、<br>データベース、デジタルアーカイブ、<br>ウェブコンテンツ |

図11.1　電子資料の分類

ての物理的存在がなく、現行の図書館法における「図書館資料」になじまない
が、サービスベンダーと図書館との利用契約により利用者に提供されている。
具体的には「電子ジャーナル」、新聞記事や経済情報、判例などの商用の
「データベース」、「電子書籍」などがある。さらに、地域資料・古文書をデジ
タル化して保存した「デジタルアーカイブ」に加え、Web 公開されている電
子資料（Web コンテンツ）などインターネットから収集した資料などに対象が
広がっている。

## 1.2　電子資料の特徴と技術

　図書館にとって電子資料の最大の特徴は、時間的・空間的制約が少ないこと
で、インターネット経由で非来館で24時間提供ができる点である。

(1) 媒体特性

　電子資料はデジタルデータであることから再生装置がないと読むことができ
ない。また、表示装置に依存し電力がなければ読むこともできないことから、
紙の図書に比較すれば可読性は低いといえよう。また、データであることから
コンピュータを用いて編集や加工が容易である。加工性が高いという点では長
所である一方で、不正コピーや改ざんが容易という点では欠点ともなる。

(2) 利用特性

　キーワードにより目的の資料を探すことが容易で、資料がテキストデータを保持していれば全文検索も可能である。また、アクセシビリティに優れている。一方、閲覧性が低く、紙の図書のように机上に何冊もの図書を開き、一覧して比較、検討するには不向きである。


(3) 管理特性

　電子資料は空間占有性が低く可搬性も高い。たとえば紙の図書であれば数十巻に及ぶ大百科事典でも電子百科事典となれば1枚のDVDにコンパクトに収まる。また、ネットワーク系資料であれば、受入、装備、排架といった作業は不要となっている。貸出業務は人を介することもなく、延滞も発生しないことから未返却に対する督促とも無縁である。ただしシステムやネットワークの障害、あるいはメンテナンス作業等によって資料が利用できなくなるデメリットもある。


## 1.3　パッケージ系電子資料の変遷

　大型コンピュータで利用するMTで導入された初期の海外科学技術データベースを例外とすれば、図書館資料として受入れられた初期の電子資料は、パソコンのデータ保存媒体であるFDである。8インチに始まり5インチ、3.5インチと小型化と記憶容量の増大が進んだ。図書館資料としては70年代末から80年代初頭にパソコン雑誌の付録としてFDが同梱されたのが始まりである。

　日本で最初のCD-ROM出版は、オリジナルに製作された『最新科学技術用語辞典（英・独・和)』（三修社、1985）である。続いて『広辞苑』第三版のCD-ROM版（岩波書店、1987）が発行されて社会的に認知された。これ以降、大型百科事典など紙の出版物と同じ内容の電子版が多く刊行されている。90年代にはCD-ROMドライブ付きマルチメディアパソコンが普及したことで、図書や雑誌の付録としてCD-ROMを同梱する例が増えた。これについては本文とは別の内容の付属資料が多い。具体例としては、専門書などで本文に記載さ

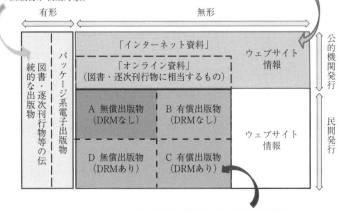

## 納本制度

- 国立国会図書館法第24条〜第25条の2に基づく
- 国内で発行された図書、逐次刊行物、小冊子、楽譜、地図、パッケージ系電子出版物（CD、DVD等）等の有形の出版物が収集対象。

## インターネット資料収集制度

- 国立国会図書館法第25条の3に基づく
- 公的機関のウェブサイトが収集対象。
- 公的機関のオンライン資料はインターネット資料としてウェブサイトごと収集。

有形　　　　　　　　　　　　　　無形

図書・逐次刊行物等の伝統的な出版物

パッケージ系電子出版物

「インターネット資料」

「オンライン資料」
（図書・逐次刊行物に相当するもの）

ウェブサイト情報

A　無償出版物
（DRMなし）

B　有償出版物
（DRMなし）

D　無償出版物
（DRMあり）

C　有償出版物
（DRMあり）

ウェブサイト情報

公的機関発行

民間発行

## オンライン資料収集制度（eデポ）

- 国立国会図書館法第25条の4に基づく。
- 民間発行の電子書籍・電子雑誌等が収集対象。

**図11.2　国立国会図書館法で規定する電子資料の分類**

（出所）第34回納本制度審議会　参考資料2から筆者作成

れたコンピュータプログラムや本文を補完する音声・映像データを収めたCD-ROM などである。

## 1.4　国立国会図書館におけるネットワーク系資料の収集と分類

　図書館は、資料選択、発注、受入、登録といった収集業務に始まり、利活用を前提とした資料の保存を行っている。パッケージ系電子資料も収集業務の対象となるが、Web サイトなどのネットワーク系資料は、著作権もあって誰でもが保存できるわけではない。

　国立国会図書館は著作権法43条（国立国会図書館法によるインターネット資料及びオンライン資料の収集のための複製）の権利制限規定にもとづき、オンライン資

料や Web サイトを収集・保存している。なおインターネット資料の制度収集
でカバーされる範囲は、インターネットにより公衆に利用可能となっている情
報のうち、公的機関の Web サイトに限られる。また、「オンライン資料」は
インターネット情報のうち、図書または逐次刊行物に相当するもの（国立国会
図書館法第25条の４）であり、電子書籍、電子雑誌等を指す。この関係を図11.2
に示した[1]。

## ② 電子資料の管理技術

### 2.1　電子資料の管理と長期保存

　主に図書館で扱う電子資料は、①印刷物といったアナログ形式の資料をス
キャニング等によりデジタル形式に変換したデジタル化資料、②発生あるいは
作成段階からデジタル形式で記録された（ボーンデジタル）パッケージ系電子資
料、同じく③ボーンデジタルであるネットワーク系資料の３つの資料群である。
同じデジタル形式でも出自と扱いにより関連技術が異なることもある。これら
を管理するための技術についてみていこう。

(1) 電子資料の管理課題

　国立国会図書館は、電子資料の長期保存について、紙媒体とは異なる次の特
徴をもっていることを課題として挙げている[2]。

　①電子情報を利用するためには、それに対応する特定の再生機器やソフト
　　ウェアなどが必要であるが、これらの変化は速く、古いものは使えなくな
　　ることが多い。

---

1) 2013年より「無償かつ DRM のないオンライン資料の網羅的な収集」を開始した。一般に
流通する電子書籍は、「有償等オンライン資料」に該当し、これまで提供義務が免除されてい
たが、2021年３月に納本制度審議会から答申があり、早ければ2023年１月から全面的な制度収
集を開始する予定である。
2) 国立国会図書館「電子情報の長期的な保存と利用」
https://www.ndl.go.jp/jp/preservation/dlib/index.html（2021年９月18日アクセス）

②紙媒体の寿命と比べて、電子情報の記録媒体の寿命は著しく短い。

③インターネット上の情報は消失する可能性が高い。

④情報の複製や改ざんが容易であり、オリジナルであることを保証することが困難である。

　電子資料はデジタルデータであり、それだけを取り上げれば、コンピュータ上の0と1の並びに過ぎない。電子資料が、文書、音声、画像などを一律に扱えるのは、これらがすべてビット列で表現されているからである。しかし、このビット列を欠けることなく保存したとしても、再生環境が整っていないなどの理由で、必ずしも電子資料を利用できることにはならない。電子資料の長期保存では、「ビット列の保存」とともに利用できるかたちでの「コンテンツの保存」の観点が求められる。


## (2) メタデータによる管理

　メタデータとは、一般的には「データについてのデータ」と定義され、電子資料を効果的に識別・記述・探索するために、その特徴を記述したデータのことである。共通のメタデータを用いることで、複数の情報源間の横断検索が可能となる。またさまざまな形式の電子資料を一元的に管理することができる。なお、電子資料を長期にわたり利用するためには、そのメタデータも長期利用できなければならず、さらにメタデータの形式や構造（メタデータスキーマ）も長期利用できるようにしなければいけない。メタデータの相互運用性を確保するために、「ダブリンコア」をはじめとする標準的なメタデータ記述形式を使用することが多い。


## (3) OAIS 参照モデルと長期保存

　電子情報の長期保存システムの構築に関する代表的なモデルとして「OAIS参照モデル」がある。OAIS 参照モデルが制定された契機として、NASA が1975年に打ち上げた火星探査機のデジタルデータが、25年ほど後の1999年には読み出すことができなかった問題がよく知られている。NASA のデータにつ

いては、ビット列は完全に保存できていたが、先に述べたファイルフォーマットの置き換わりや進化等により「コンテンツの保存」ができていなかった例である。OAIS 参照モデルは、情報を保存するアーカイブの責任、機能の詳細、保存のための戦略、アーカイブ間の連携などを記述しており、2003年には ISO 14721として国際標準化され、2012年に改訂版が策定された[3]。

## (4) ダークアーカイブ

　2010年代前半に乱立した電子書店が2010年代後半になって相次いで廃業し、それに伴い購入した電子書籍の閲覧ができなくなる問題が浮かび上がった。また、膨大な数の電子ジャーナルを発行する大手学術出版社は、民間企業である以上、倒産の可能性を否定できない。電子資料は散逸・消滅という課題に直面している。そこで電子資料の長期保存と安定的な提供を保証するために、考え出されたのが**ダークアーカイブ**である。自然災害や出版者の倒産、廃業などにより一定期間以上、サーバーに蓄積された電子資料へアクセスができなくなった事態（**トリガーイベント**という）が発生したとき、ダークアーカイブサービス機関が保存しておいたデータを代わりに提供する。

　J-STAGE では、データの長期保存と安定的提供を目的として、Portico が提供するダークアーカイブサービスを2018年度から開始した[4]。Portico は、2002年に米国に設立されたダークアーカイブサービスを提供する非営利機関である。

---

3) The Consultative Committee for Space Data Systems (CCSDS) "Reference Model for an Open Archival Information System (OAIS)"
https://public.ccsds.org/Pubs/650x0m2.pdf（2021年 9 月18日アクセス）
4) 国立研究開発法人科学技術振興機構知識基盤情報部研究成果情報グループ「ダークアーカイブサービスの提供開始について」https://www.jstage.jst.go.jp/static/files/ja/pub_darkarchive_release.pdf（2021年 9 月18日アクセス）

## 2.2 データの保証と権利管理のための技術

(1) データの原本性の保証

　前節で述べたように電子資料は、「複製や改ざんが容易であり、オリジナルであることを保証することが困難である」。このため、重要な資料について、オリジナルであること（原本性・同一性）を確保するための技術が求められる。具体的な技術について以下に示す。

　(a) 電子署名

　電子的に作成された署名全般のことを指す。このうち「公開鍵暗号方式」などの暗号技術を用いて文書の正当性を証明するものを「デジタル署名」という。「電子署名及び認証業務に関する法律」2条1項では、電子署名を、電磁的記録に記録することができる情報について行われる措置であって、①当該情報が当該措置を行った者の作成に係るものであることを示すためのものであり、かつ、②当該情報について改変が行われていないかどうかを確認することができるもの、と定義している。

　(b) タイムスタンプ

　電子資料が作成・更新された正確な時刻を証明する仕組みで「時刻認証」ともいう。第三者機関が特定の時刻にその電子文書が存在していたこと（存在性）、及びその時刻以降にデータが改ざんされていないこと（原本性）を証明する。

　(c) 電子透かし

　画像、音声、動画、文書、プログラムなどの電子資料に、作成者、課金情報、コピー回数などを含む著作権情報などを埋め込む技術である。通常、人間の知覚では判別できず、読み出しは専用の検出アプリケーションにより行う。紙幣の透かしと同様の効果をもつため、このように呼ばれる。埋め込まれた電子透かしは容易に削除できないが、あえて除去・改変することは著作権侵害の不正行為とみなされる。

(2) デジタル著作権の管理技術（DRM）

　一般にDRM（Digital Rights Management）とは、電子資料の著作権を保護す

る目的で、利用や複製を制御・制限する技術の総称である。DRM には、①電子資料の複製自体を制限するもの、②複製は可能だがデータファイルが暗号化されていて閲覧・視聴などの利用ができないもの、③有効期限や印刷などの利用範囲を制限するもの、などがあり、保護する目的や程度に応じたさまざまな手段と方法がある。

　電子書籍では、コンテンツとは別に閲覧を可能にする鍵としてメタデータを用意し、正規の購入者に渡して読めるようにしている。その鍵は、購入者の端末や閲覧用アプリ（ビューワー）などに一意に対応して表示しており、他の環境では読めないようになっている。このためコンテンツの提供者（電子書店）が閲覧用アプリの開発を中止することで、将来的に技術が廃れて、利用できなくなる恐れがある。同様な理由で、図書館で DRM が施された電子資料を利用する場合、利用が阻害されることが懸念される。

　このようにシステムに強く依存する DRM に対して、システムにあまり依存しない著作権の保護方法もある。具体的な例としてメールアドレスや ID など個人情報の一部を電子透かしとしてコンテンツに埋め込む方法がある。もし違法コピーを流通させた場合、違法複製した利用者の個人情報も出回り、不正行為者とみなされることになる。心理的な抑止効果が期待できる。


## (3) 電子資料の識別（DOI）

　DOI（Digital Object Identifier）とは、インターネット上のコンテンツを一意に識別するための国際的なコードである。著作権管理を主たる目的として米国出版協会が中心となって開発し、2012年に ISO 26324として承認された。頁や図、表などの細かな単位で付与することができ、電子ジャーナルの管理でよく使われている。

　一般にインターネット上のコンテンツを特定するコードとしては、URL（Uniform Resource Locator）がよく知られている。近年、オープンアーカイブや機関リポジトリにある文献を紹介する際に、URL を記載することが増えている。しかし、URL はいわばリソースが置かれている住所であり、発行者の事

情や保管者が変わることで URL も変化する。このためリンク切れがよく起こっている。そこでコンテンツへの持続的なアクセスを簡便に解決する仕組みとして DOI が考案された。DOI の仕組みは、個別のコンテンツに割り振られた ID（DOI）と、その所在 URL をペアでデータベース化して保管し、DOI の問合せに対して所在 URL を返すというものである。仮にコンテンツの所在 URL が変わった場合、ペアの情報を更新する。そうすることで、持続的なアクセスが保証される。

　このシステムを持続的に運用するために、DOI の仕組みを統治する国際 DOI 財団（International DOI Foundation：IDF）がデータベースを管理し、DOI 登録機関（Registration Agency：RA）が IDF の認可を受けて、DOI の登録業務を行う。日本の RA としてはジャパンリンクセンター（JaLC）がある[5]。国立国会図書館は、2014年3月から JaLC の共同運営機関の一つとして、「国立国会図書館デジタルコレクション」中の一部資料に DOI を付与している[6]。

## ③　電子出版と電子書籍

### 3.1　電子出版・電子書籍の定義と概要

　電子書籍が読者の間で注目されたのは、「電子書籍元年」と呼ばれた2010年である。ブームとも呼べる現象が後押しとなって、電子書籍を快適に利用するための閲覧デバイス、便利に入手するための電子書店サービス、そして多様なコンテンツなど、利用のためのインフラが短期間で整い、利用者の裾野が広がった。公共図書館に電子書籍貸出サービスが導入され図書館資料として電子書籍が注目されたのは、この頃からである[7]。

---

5）Japan Link Center https://japanlinkcenter.org（2021年9月18日アクセス）
6）国立国会図書館「国立国会図書館における DOI 付与」
https://www.ndl.go.jp/jp/dlib/cooperation/doi.html（2021年9月18日アクセス）
7）堺市立図書館電子図書館は、2011年1月に図書館流通センターの TRC-DL を導入し現在も継続中である。公共図書館として、それまでに電子図書館に取り組んだ事業の多くは、試験的取り組みで中止となったか、サービスベンダーを変更して再開した。

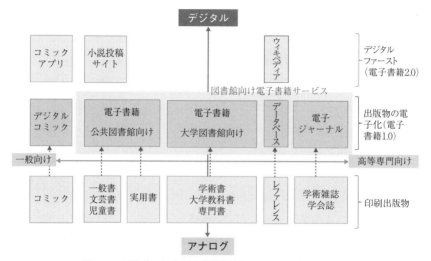

**図11.3　図書館の扱う電子書籍と出版流通する出版物の関係**
（出所）植村八潮「電子書籍と電子図書館」植村八潮ほか編『電子図書館・電子書籍貸出サービス調査報告
2019』印刷学会出版部 p. 2 改訂

### 3.2　フィックス型電子書籍・リフロー型電子書籍

　電子書籍は表示方法によって大きく 2 種類に分類できる。Web コンテンツ
の表示のように文字の拡大縮小を行うことができ、それに合わせて 1 行の文字
数が自動的に変更される「リフロー型（再流動型）」と、PDF のように元にな
る原稿のレイアウトが維持される「フィックス型（固定レイアウト型）」である。

　リフロー型では、端末の表示画面の大きさに合わせて文字の大きさや行間等
を自由に変更することができる。一方で、文字の拡大縮小等に伴って元のレイ
アウトやページ数も変わってしまうため、図表や写真等が多く、レイアウトが
重視される雑誌等のコンテンツには不向きである。

　フィックス型はどのような端末で表示しても元のレイアウトが維持されるた
め、図表や写真等を多用してレイアウト重視のページ構成がなされる雑誌等の
コンテンツに適している。しかしながら文字を拡大するには画面全体を拡大し
なければならず、端末の表示面積が小さい場合にはページ全体が 1 画面に収ま

らなくなってスクロールが発生し、読みにくくなってしまう。

### 3.3 さまざまな電子文書フォーマット

　電子書籍は、文字、画像、それに加えて音声や動画等の各種データを一つの固まりとしてファイル形式にとりまとめたものであり、とりまとめのためのファイル形式が電子書籍フォーマットである。かつて多数のフォーマットが乱立したが、現在ではリフロー型電子書籍であれば、ほぼEPUBに集約されている。

　EPUBはアメリカの電子書籍標準化団体IDPF（現在はW3Cに吸収）が2007年に発表したフォーマットである。XMLをベースとしたオープンな規格で、XHTMLで作成したコンテンツを、画像やCSSなどとともにZIP形式で圧縮したものである。構造化データを持ち、リフロー機能を備える。EPUB3.0では縦書きに対応し、傍点やルビ等日本語特有の表現も可能となった。2014年に国際標準に準じた技術仕様書（TS）としてISO/IEC TS 30135が刊行された。

　フィックス型でよく使われるPDFは、アドビ社が2001年に開発した汎用電子文書ファイルフォーマットである。2008年にISO 32000-1として標準化された。パソコンの機種やOS環境に依存せず、文字、画像、表のレイアウトなどのオリジナル原稿の再現が可能だが、リフロー機能は備えていない。

　このほかの汎用電子文書フォーマットとしては、マイクロソフト社が作成したOffice Open XML（OOXML）形式がある。マイクロソフトOfficeのファイルフォーマットで、2008年にISO/IEC29500-1として国際標準となっている。

## 4 電子資料のアクセシビリティ

### 4.1 電子資料による読書バリアフリー

(1) 読書バリアフリーに向けた法制度の整備

　2019年に「読書バリアフリー法（視覚障害者等の読書環境の整備の推進に関する法律）」が成立した。その名の通り、視覚障害やディスレクシア（識字障害）、

さらに肢体不自由など、多様な障害により書籍を読むことが困難な人を対象に、読書しやすい環境を整備することを目的としており、電子書籍に期待が寄せられている。

⑵ 電子資料のアクセシビリティ機能への期待

　電子書籍などの電子資料は、内部にテキストデータを保持していれば、TTS（text to speach：音声合成）による音声読み上げ機能、文字サイズの拡大機能、画面の白黒反転機能などを活用して、アクセシビリティを向上することができる。そのため、電子書籍に対しては、紙に印刷された図書などをそのままの状態で読むことの難しい人たちから大きな期待が寄せられている。しかし、技術的制約や DRM、あるいは契約条件から、すべてのデジタル化された資料が必ずしも TTS に対応しているわけではない。

⑶ 図書館アンケートにみる電子資料のアクセシビリティ

　電子出版制作・流通協議会（電流協）が行っている「図書館の電子図書館・電子書籍サービス調査」で、電子書籍に期待する機能について調査している。そこでは「図書館に来館しなくても電子書籍が借りられる機能」92.2%、「文字拡大機能」79.8%、「音声読み上げ機能」71.8%、「文字と地色の反転機能」56.0%など、アクセシビリティ機能が上位となっている[8]。また、電子書籍の提供対象者として、１位が「図書館利用に障がいのある人」で、63.9%を占めていた[9]。図書館向け電子書籍サービスの開発にあたってはアクセシビリティ機能の搭載が求められていることが、これらの結果からも分かる。

## 4.2　DAISY 図書

　DAISY は、Digital Accessible Information SYstem の略で、「アクセシブル

---

8）植村八潮・野口武悟ほか編『電子図書館・電子書籍貸出サービス調査報告2021』樹村房。
9）植村八潮・野口武悟ほか編（2019）『電子図書館・電子書籍貸出サービス調査報告2019』印刷学会出版部。

な情報システム」と和訳されるデジタル録音資料のフォーマットである。DAISY はパッケージとしては CD で提供されるが、近年は、「サピエ（視覚障害者情報総合ネットワーク）」（http://www.sapie.or.jp/）などの電子図書館を介してのデータ提供がメインになりつつある。DAISY には、録音資料である音声 DAISY のほかに、音声と文字情報と画像を同期させたマルチメディア DAISY もある。

　DAISY の規格を管理する団体と EPUB の規格を管理する団体は連携して、アクセシビリティ機能の向上・強化を図ってきた。その結果、「DAISY のアクセシビリティの機能をすべて EPUB 3 に持たせるというかたち」が実現し、「一般的な利用者のためのメインストリームの規格でアクセシビリティを実現する」ことが可能となった[10]。

## 4.3　電子書籍における音声読み上げ（TTS）

　電子書籍の音声読み上げに使われる TTS は、アクセシビリティ機能の技術的解決策としても歴史が古く、1980年代には、パソコン用の画面読み上げソフト（スクリーンリーダー）が実用化した。2000年代に入ると、スクリーンリーダーに電子書籍ビューワーを組み合わせて読み上げるようになった。2010年以降は、iOS や Android などの OS に音声読み上げ機能が標準装備され、DRM のない電子書籍を読み上げることが可能となった。また、アマゾンの Kindle のアプリでは、購入した電子書籍の一部で読み上げに対応している。

---

10) 濱田麻邑（2013）「次世代 DAISY 規格と電子書籍規格 EPUB 3」『カレントアウェアネス』316, pp.15-18.

┌─■■□コラム□■■────────────────────────

<br>

### 電子書籍の点数の数え方？

　書籍・雑誌の売上は対前年度マイナスが続くなかで、日本の電子書籍市場は、続伸傾向にある。2020年の市場規模は3,931億円（前年比28.0％増）で、このうち文字系電子書籍は401億円（同14.9％増）となった（全国出版協会・出版科学研究所）。流通する電子書籍の点数は、商品数やタイトル数の数え方によってさまざまなため定かではない。なかでも電子コミックの流通点数は、ファイル数で数えたとしても巻数（コミックスの1巻）と話売り（雑誌連載の1話に相当）の二通りがあるが、作品タイトルで数えると既刊100巻（2021年9月現在）の『ONE PIECE』も1タイトルとなる。DNP系列の電子取次MBJの取扱タイトルは約76万6300点と公表されている（「モバイルブック・ジェーピー　コミックから学術・専門書まで、チャネルが強みの電子取次」『文化通信』2021年8月2日号）。

（植村八潮）

<table>
<tr><td>第12章</td><td>デジタルアーカイブ</td></tr>
</table>

| 第12章 | デジタルアーカイブ |
| --- | --- |

## 1  デジタルアーカイブについての基本理解

### 1.1  デジタルアーカイブとは何か

　本章ではデジタルアーカイブ（digital archive）について、まず概要を説明したうえで、実務プロセス、関係する諸権利と法について確認し、その基本的な理解を深める。

　『図書館情報学用語辞典』によれば、デジタルアーカイブとは、"有形・無形の文化財をデジタル情報として記録し、劣化なく永久保存するとともに、ネットワークなどを用いて提供すること"と定義される[1]。つまり、デジタルアーカイブの保存・提供対象となる資料[2]は、コンピュータや Web 上で処理可能なデジタル形式であること、及びネットワーク環境等に継続的に公開されることが必須要件となる。資料はアナログ形式からデジタル形式に変換されたもの（例：紙媒体の書籍をデジタル化した資料）に限らない。デジタル形式で生成されたボーンデジタル（例：Web ページ）の場合もある。データの表現様式は、文字、静止画、音声、動画等に分かれる。なお、これまでは 3 次元データを含め視覚・聴覚で認識するものが主だったが、触覚・味覚・嗅覚で認識するデータが普及する可能性もあるだろう。デジタル化資料の例としては国立国会図書館デジタルコレクション[3]、ボーンデジタル資料の例としては国立国会図書館イ

---

1) 日本図書館情報学会用語辞典編集委員会編（2020）『図書館情報学用語辞典』第 5 版，丸善。引用は p.162。
2) デジタルアーカイブの保存・提供対象の呼称としては、「コンテンツ」や「デジタル情報資源」等もあるが、本章では「資料」と呼ぶ。デジタルデータとして保存・公開することが可能なあらゆるものを想定する。

ンターネット資料収集保存事業（Web Archiving Project: WARP）[4]等がある。

　増え続ける資料を体系的に整理し、必要に応じて対象を特定したり検索したりできるようにするには、資料そのものとは別に、本文テキスト、動画、音声における部分抽出（プレビュー）や、静止画における縮小画像（サムネイル）の作成、さらには資料に関するデータ（メタデータ；metadata）の整備が欠かせない。メタデータの形式は目的によって必要な項目が異なるためさまざまに策定されてきた。しかし標準的な語彙を使えば、個別の領域や分野を超えたメタデータの相互運用が可能となる。そのような観点から、「ダブリンコア（Dublin Core）」と呼ばれる標準語彙が策定され、デジタルアーカイブでも利用されている。この標準語彙では、コア（核）となる15の基本要素（タイトル、作成者、キーワード、内容記述、公開者、寄与者、日付、資源タイプ、記録形式、資源識別子、出処、言語、関係、時空間範囲、権利管理）が定められている[5]。

　なお、デジタルアーカイブという用語は1990年代半ばから広まり始めた和製英語といわれる[6]。欧米で「アーカイブ」という文字通りの使われ方がされるのは、基本的に役所において作成された公文書・歴史的価値を有する資料あるいは、それらを整理・収蔵・公開する機関を指す場合に限定され、以上を効率的に運用するため、デジタル技術を導入したものがデジタルアーカイブであるといわれる[7]。たとえば英語圏では、図書館が主体の「デジタルアーカイブ」は digital library、より広く文化遺産機関が主体であることが強調される場合

3）国立国会図書館デジタルコレクション　https://dl.ndl.go.jp/（2021年12月21日アクセス）
4）国立国会図書館インターネット資料収集保存事業　https://warp.da.ndl.go.jp/（2021年12月21日アクセス）
5）Dublin Core Metadata Element Set, Version 1.1: Reference Description. https://www.dublincore.org/specifications/dublin-core/dces/（2021年12月21日アクセス）. なお、日本語表示名は、JIS X 0836に準拠したものである。
6）影山幸一（2004）「デジタルアーカイブという言葉を生んだ月尾嘉男」『artscape［アートスケープ］』2004.01.15　https://artscape.jp/artscape/artreport/it/k_0401.html（2021年12月21日アクセス）
7）馬場章・硴谷紀夫（2007）「海外におけるデジタルアーカイブの動向」『映像情報メディア学会誌』Vol. 61, No11, pp. 1582-1585　https://www.jstage.jst.go.jp/article/itej/61/11/61_11_1582/_pdf（2021年12月21日アクセス）

は cultural heritage や digital collection という表現が用いられることが多いようである。海外文献を検索する際、海外の関係者と意思疎通を図る際には留意しておくとよいだろう。

とはいえ、日本では「デジタルアーカイブ」という語が国の政策文書でも広く使われ、おおむね定着したといってよい。たとえば知的財産戦略本部の『知的財産推進計画2021』では、"過去のさまざまな情報資産を収集・保存・再利用するためのデジタルアーカイブ社会の加速的な進展が、文化的ばかりか経済的な意味においても喫緊の課題"と整理されている[8]。なお、知的財産戦略本部に設けられた「デジタルアーカイブジャパン推進委員会及び実務者検討委員会」ではデジタルアーカイブ政策を推進するための各種ガイドラインがつくられてきた[9]。特にこれからデジタルアーカイブを構築予定の機関はそれらの指針を大いに参考とすべきである。

## 1.2　MLA連携

デジタルアーカイブは資料の保有者、具体的には文化遺産機関等の組織単位で構築されるのが一般的だが、昨今では組織間でメタデータやサムネイル／プレビューを自由に二次利用可能なかたちで Web 上に流通させ、さらにはコンテンツの利活用を促す「オープン化」の流れにある。そしてこの流れを先導してきたのが、多数のコレクションを蓄積してきた文化遺産機関である。いわゆる MLA 連携とは、博物館（Museum）、図書館（Library）、文書館（Archives）という、従来関係の深かった三者の種々の連携関係全体を指し、その頭文字を冠して名付けられたものであるが、デジタルアーカイブを介したメタデータの共有はオープン化を基調とした MLA 連携のまさに象徴である。

国あるいは国際的なレベルでの MLA 連携の例、すなわちデジタルアーカイ

8) 知的財産戦略本部（2021）『知的財産推進計画2021——コロナ後のデジタル・グリーン競争を勝ち抜く無形資産強化戦略』。引用は p. 9　https://www.kantei.go.jp/jp/singi/titeki2/kettei/chizaikeikaku20210713.pdf（2021年12月21日アクセス）
9) デジタルアーカイブジャパン推進委員会及び実務者検討委員会　https://www.kantei.go.jp/jp/singi/titeki2/digitalarchive_suisiniinkai/index.html（2021年12月21日アクセス）

ブの大規模なメタデータ連携の事例を三つあげておこう。一つ目は、国の枠を
越え、ヨーロッパにある文化遺産機関のデジタルアーカイブのメタデータを集
約した Europeana である（2008年に公開）。検索ページの情報によれば2021年12
月21日時点でアクセス可能な資料数は51,002,010件にのぼる[10]。二つ目は、ア
メリカ各地の図書館、博物館、文書館等のデジタルアーカイブのメタデータを
集約した DPLA（Digital Public Library of America；米国デジタル公共図書館）であ
る（2013年に公開）。トップページの情報によれば同日時点でアクセス可能な資
料数は44,344,926件にのぼる[11]。三つ目は、国内デジタルアーカイブの分野横
断統合ポータル／プラットフォームであるジャパンサーチである（2020年に公
開）。検索ページの情報によれば同日時点でアクセス可能な資料数は
14,804,130件にのぼる[12]。

　一方、地域レベルの MLA 連携も最近では増えている。国内で代表的なもの
としては岡山県立図書館のデジタル岡山大百科があげられる[13]。2004年の公開
時から他に先駆けて MLA 連携や住民参加型による郷土情報収集の取り組みが
なされてきた。ある分野や地域コミュニティのとりまとめを担う「つなぎ役」
に期待される役割は大きい。なお、連携先は MLA の機関にとどまらない。あ
るテーマに焦点を絞り、政府機関や自治体、マスメディアや Web サービス企
業等を含む多様な機関が連携した事例として、震災記録に特化して構築された
国立国会図書館東日本大震災アーカイブ（2013年に公開）があげられる[14]。

## 1.3　デジタルアーカイブを支える情報通信技術

　社会全体でデジタル情報資源を文化的・経済的な観点から有効活用するとい
う政策的な議論とは別に、このようなデジタルアーカイブの取り組みが活発化

---

10）Europeana https://www.europeana.eu/（2021年12月21日アクセス）
11）DPLA https://dp.la/（2021年12月21日アクセス）
12）当該件数は全収録件数からデジタルコンテンツなし件数を除き算出した。ジャパンサーチ
https://jpsearch.go.jp/（2021年12月21日アクセス）
13）デジタル岡山大百科 http://digioka.libnet.pref.okayama.jp/（2021年12月21日アクセス）
14）国立国会図書館東日本大震災アーカイブ（愛称：ひなぎく）https://kn.ndl.go.jp/（2021
年12月21日アクセス）

する背景的要因として、ICT（情報通信技術）の進展に関する三点があげられる。一点目は複製データの高品質化とストレージ容量の増加である。デジタル化されていない現物資料は利用と保存のバランスを常に考慮しなければならない。現物資料は破損、劣化、紛失等のリスクに常にさらされているが、このリスクを最小化させる次善の策が ICT の活用である。つまり、現物資料に近い高品質かつ大容量の複製物をデジタル形式で作成・保管できれば現物資料の提供によるリスクを減らせる。二点目はデジタルデータの提供・公開技術の発達である。具体的には Web 配信技術の普及によって、来館しなくても、パソコンやスマホ等で必要な資料の内容まで確認できるようになった。三点目は異なる機関・システム間での相互運用性の向上である。前述した大規模なメタデータ連携が成立しているのは、メタデータの形式やデータ交換のやりとりが標準化・調整されてきたおかげである。

　以上は営利企業との協調の上に初めて成り立つものである。しかし逆に、巨大 ICT 関係企業等による独占・寡占化を阻止しようとする文脈でデジタルアーカイブの必要性が唱えられる動きもある。たとえば Europeana の取り組みは、アメリカの一営利企業によるデジタルアーカイブ、具体的には Google Books[15] に対するフランスをはじめとしたヨーロッパ社会の危機感の現れに端を発するものであった[16]。一方、日本では官民交えた「デジタルアーカイブ学会」が設立され、デジタルアーカイブシステムの各種クラウドサービスが営利企業から提供される等、協調的な動きを確認できるが、デジタルアーカイブの運営においては政治的な中立性や経済的な持続性、公共部門と民間部門の役割分担等のテーマについても考慮すべきだろう。

---

15) Google Books は、世界の図書館と提携し、蔵書のデジタル化と公開を行う側面ももつ。日本では慶應義塾図書館が提携している。http://books.google.com/intl/ja_JP/googlebooks/partners.html（2021年12月21日アクセス）

16) Jeanneney, Jean-Noël（2006）*Quand Google défie l'Europe : plaidoyer pour un sursaut*, Mille et une nuits（佐々木勉訳・解題（2007）『Google との闘い　文化の多様性を守るために』岩波書店）.

## 1.4　関連領域

　冒頭の定義によれば、市場で提供される電子書籍や電子ジャーナルのサービスもデジタルアーカイブに含めることは可能かもしれない。しかし、一般には分けて議論されることが多く、本書でも第11章で扱った。また、機関リポジトリ（institutional repository）も一種のデジタルアーカイブとして捉えられなくもない。もともと学術ジャーナルの価格高騰に対抗するかたちで取り組みが始まった機関リポジトリは、大学や研究機関等の機関で作成された論文等の資料をWeb上で公開／共有する仕組みであるが、実際には貴重書デジタル化資料を機関リポジトリのシステム上で提供する事例も見受けられる。つまり、この機関リポジトリも、用いられる要素技術にほとんど違いがないのであるが、一般的にはデジタルアーカイブと分けて議論されることが多い。

## ②　デジタルアーカイブの実務プロセス

## 2.1　実務プロセスの概要

　以下では、デジタルアーカイブの構築・共有の実務プロセスを3段階に区切って説明する。すなわち対象の状態調査や選定がなされたあとの段階に必要な①関係する諸権利の処理、②デジタル化資料の作成／ボーンデジタル資料の収集と公開、③メタデータの共有という各プロセスをここでは説明する（図12.1）。ただし前提として、デジタルアーカイブシステムのパッケージソフトウェアを活用できる環境にあるものとする。②と③について先に2.2及び2.3で説明し、①については3節で後述する。

図12.1　デジタルアーカイブの実務プロセス
（出所）筆者作成

## 2.2 資料の作成／収集と公開

### (1) 資料の作成／収集の方法

　現物資料をデジタル化する場合、一般には、スキャナやデジタルカメラで現物資料を直接スキャニング／撮影する。過去に撮影されたフィルムが保存されている場合、フィルムスキャナでデジタル化する。直接スキャニングする場合、現物資料の種類、大きさや状態等に応じてスキャナを使い分ける。たとえば厚みがなく破損の危険性も少ない現物資料の場合はフラットベッドスキャナを使い、コピー機と同じように原稿台ガラス面に押しつけてスキャニングする。逆に厚みがあり破損の危険性がある場合はオーバーヘッドスキャナを使い、原稿台に対して上向きに現物資料を置いて上側からスキャニングを行う。デジタルカメラで上側から撮影するという方法もある。いずれの作業時にも現物資料の色が再現できていることを保証するため、カラーチャートと呼ばれる色見本が配列された板状の物体とあわせてスキャニング／撮影することが多い。ちなみに現物資料の裁断が可能な場合はシートフィーダ型のスキャナで連続してデジタル化することも可能である。

　デジタル形式の文字データを作成する場合もある。大きく分けると、デジタル形式の静止画データから OCR ソフトを利用して文字データへ変換する方法と、現物資料または静止画データを参照しながら人手で文字データを入力する方法がある。前者の方法で作成された文字データの品質は、OCR ソフトの性能に依存するが、認識精度は現物資料／静止画データの状態や品質にも左右される。たとえば汚れのある紙に旧字体の文字が記された資料の認識精度は低い傾向にある。どの程度の認識精度を許容範囲とするかは目的により異なるが、高い精度が求められる場合は特に、OCR ソフトでの変換後に校正作業が必要となるだろう。後者の方法で作成されたデジタルアーカイブの代表例は「青空文庫」であるが[17]、人力作業のコストは高い。

　なおデジタル化資料の対象によっては、三次元計測（３Ｄマップの作成等）、録音・録画等の方法でデジタルデータを作成することがある。

---

17）青空文庫　https://www.aozora.gr.jp/（2021年12月21日アクセス）

　ボーンデジタル資料の収集もいくつかの方法が考えられる。大きく分けると、データが格納された記録媒体を送付／提出してもらう方法、ネットワークを介してデータ送信してもらう方法、さらに Web 上で公開されているデータを機械的に収集する方法があげられる。

## (2) ファイル形式

　デジタルデータのファイル形式（ファイルフォーマットともいう）は多様であり、技術革新とともに変遷する。あるファイル形式に対応するソフトウェアがあって初めてそのファイルの内容を確認できる。しかし、旧い形式のファイルが更新されたソフトウェアで開くことができず、結果的に内容を確認できなくなることは珍しくない。特定のハードウェア上でしか動作しないソフトウェアがそのハードウェアの故障とともに確認できなくなることもあり得る。つまりデータマイグレーション（データやソフトウェア、ハードウェアを新しい別の媒体や環境へ移行すること）は不可避なのだから、それを見越して、汎用性が高くかつ扱いやすいファイル形式の資料を作成／収集する必要がある[18]。

　静止画データの場合、具体的には二段構えとし、汎用性が高く（ある特定の製品や技術に依存しておらず）、かつ高解像度のファイル形式（非圧縮〔高画質かつ大容量〕または可逆圧縮［画質をもとに戻せるかたちで容量を縮小]）としての TIFF 等で保存・編集用ファイルを作成するとともに、パッケージソフトウェアで対応可能かつ容量が小さいファイル形式（非可逆圧縮［画質をもとに戻せないかたちで容量を縮小]）として JPEG 等で公開用ファイル、さらにサムネイルを作成する必要がある。そうしておけば、パッケージソフトウェアの変更があっても保存・編集用ファイルに立ち戻ることができる。ただし、保存・編集用ファイルを格納した記録媒体にも寿命はあるため、記録媒体のマイグレーションが欠かせない。

　文字データの場合は、文字列以外の情報を含まないプレーンテキスト、レイ

---

18) 国立国会図書館関西館電子図書館課編（2017）『国立国会図書館資料デジタル化の手引2017年版』 pp.14-15。https://doi.org/10.11501/10341525（2021年12月21日アクセス）

アウト情報等を含む OCR ソフトからの出力ファイル等で構成される。ボーンデジタル資料の場合は収集対象に依存するが、汎用性が高くかつ扱いやすいファイル形式の資料に変換する、あるいは、そのようなファイル形式のみ受け入れるという対応がとられることが多い。

(3) 公開

次に、各公開用ファイルを Web サーバに登録し、閲覧（拡大・縮小やページめくり等）、視聴できるようにするとともに、各資料に識別子を付して固定リンク（パーマリンク）を確定する。これにより、パッケージソフトウェアの変更があっても同じ URI（Uniform Resource Identifier）で持続的にアクセス可能な状態を担保できる。デジタルアーカイブ資料の識別子としては DOI が用いられることが多い（第11章を参照）。

最低限、全体像を一覧できるリストから個別ページへアクセスできるようにしておくことが欠かせないが、広く一般に二次利用可能な条件を明示したうえで、ダウンロードあるいは API（Application Programming Interface; ソフトウェアを外部公開することによって、他の外部公開したソフトウェアと機能を共有できるようにしたもの）によるアクセスが可能なかたちで資料は提供されることが望ましい。静止画／動画の場合、IIIF（International Image Interoperability Framework：トリプルアイエフ）と呼ぶ規格に準拠したかたちで公開できれば、利用者側は、異なるデジタルアーカイブで提供されている複数の資料について、IIIF 対応閲覧ソフトを介して比較・利用することが可能となる。少なくとも長期利用保証の観点からいえば、特定のソフトウェアに依存しない閲覧環境が求められている。

### 2.3　メタデータの登録

資料数が少なければ一覧リスト形式の公開方法でも十分かもしれないが、数が大量になると資料の探索が困難になる。多様な検索ニーズも生じる。そのため、最低限必要な項目（資料のタイトル、作成者［公開者］、日付［作成された年月、

時期等]、識別子［管理番号］等）をパッケージソフトウェアで入力し、誰もが検索可能な状態にしておくことが望まれる。さらにメタデータは、広く一般に二次利用可能な条件を明示したうえで、ダウンロードあるいは API によるアクセスが可能なかたちで提供されることが望ましい。加えて、前述したジャパンサーチやデジタル岡山大百科等の「つなぎ役」へメタデータを提供できれば、認知度は向上し、利活用の機会も格段に広がる。メタデータはファイル送付のかたちでも提供可能だが、ある程度の頻度で更新されるデジタルアーカイブであれば、機械的にデータ交換可能な API の仕組みを取り入れると都合がよい。代表的な API として、機関リポジトリの世界でもメタデータ交換用プロトコルとして採用されてきた OAI-PMH がある[19]。

　なお一口にメタデータといっても、検索・発見のための記述メタデータだけでなく、管理・保存用のメタデータが重要となることにも留意すべきである。資料の保存・編集用／公開用の各ファイル形式、ファイル作成日やスキャナ設定等を記録しておかないと、当該資料の来歴や真正性を将来的に担保できなくなる。

## ③ 関係する諸権利と法

　図書館でデジタルアーカイブを構築・運用する際には、関係者がもつ諸権利に配慮することが欠かせない。諸権利の侵害を未然に防ぐとともに、外部に対する説明責任を果たすためには関連法に対する理解を深めておく必要がある。ただしここでは、デジタルアーカイブと関係する事項の概要紹介にとどめたい。

　権利者等に対して許諾依頼が必要となるのは、所蔵資料をデジタル化する際もさることながら、最近では、郷土の映像・音声・写真等の資料提供を地域住民に対して呼びかける際にも当てはまる[20]。その際、口頭による許諾も有効で

---

19) The Open Archives Initiative Protocol for Metadata Harvesting, Protocol Version 2.0 http://www.openarchives.org/OAI/openarchivesprotocol.html（2021年12月21日アクセス）
20) 岡山県立図書館「郷土情報募集」 http://digioka.libnet.pref.okayama.jp/sup/jp/kyodo/boshu.html（2021年12月21日アクセス）

はあるが一種の契約行為となるため、許諾事項等を列挙した承諾書に同意してもらい、その承諾書を依頼者側が証拠として保存するのが望ましい。権利者や被写体が未成年者の場合には親権者等の法定代理人から、成年被後見人の場合には成年後見人から同意を得る必要がある。

## 3.1 著作権法

　著作権法は、著作者の創作活動にインセンティブを与える目的から、著作物を創作した著作者の権利（著作権）21)及び隣接する権利（著作隣接権）を保護するものである。あわせて、著作権が働くことになる使い方（法定利用行為）を定めている。たとえばデジタルデータ作成時の複製という行為、インターネット配信時の公衆送信という行為である。こうした著作物の法定利用行為が権利者の許諾なくなされた場合、著作権侵害とみなされる。権利者から許諾が得られれば著作物の法定利用行為は認められるが、デジタルアーカイブで扱う資料が増えれば、その分、権利処理にかかわるコストは上昇する。

　一方、著作権法では、文化の発展に寄与するという目的から、著作権の働く範囲を制限する規定（権利制限規定）が設けられている。著作権の保護期間（存続期間）も限定されている。このようにして、著作者等の権利と著作物の利用との間でバランスがとられている。図書館のデジタルアーカイブでは第三者の著作物が扱われる以上、権利者側がもつ権利の制限規定と保護期間が特に重要になってくる。とはいえ、逆にデジタルアーカイブで資料を公開する立場からすれば、データ提供側として権利関係をしっかりと明示し、自由な利活用を促す方向性が期待されている。

(1) 著作権の保護期間

　著作権の保護期間は著作物の創作の時に始まる。また、その著作権は、原則として著作者の死後70年経過するまでの間、存続する。無名または周知でない

---

21) 著作者の権利（著作権）は、譲渡可能な財産的利益を保護する権利と、譲渡不可能な著作者人格権に分かれる。

変名の著作物、団体名義の著作物については公表後70年間保護される。公表された年であれば特定しやすいが、個人の没年を特定するのは容易でない。

　保護期間が満了した資料や、そもそも著作権法自体がなかった時代（日本では江戸時代以前）に創作された資料は、著作権法の枠組みの下では自由に利活用できることから、図書館所蔵資料のデジタル化においては、古い時代の貴重書から着手されることが多い。なお、2018年の法改正までは、著作権の存続期限は死後50年とされていた。保護期間が延長された分だけ著作権保護期間満了を迎えて自由に利活用できる著作物が失われてしまった、ともいえる。ちなみに保護期間満了等の理由で著作権が消滅した状態をパブリックドメインと呼ぶ場合もあるが、日本の法律用語ではない。

## (2) 権利制限規定

　複製権（コピーライト）は著作権を構成する諸権利のなかで代表的なものであるが、権利制限規定も設けられている。すなわち、国立国会図書館及び図書館等には、著作権の保護期間がたとえ満了になっていなくとも、権利制限規定によって、保存のための複製が認められている（著作権法第31条第 1 項第 2 号）。ただし、すべての所蔵資料・収蔵品をデジタル化してよいわけではない。文化審議会著作権分科会において、"美術の著作物の原本のような代替性のない貴重な図書館資料や絶版等の理由により一般に入手することが困難な貴重な図書館資料については、損傷等が始まる前の当該資料がもっとも良好な状態で後世に当該資料の記録を継承するために複製すること"が可能という解釈が示されている[22]。この解釈に該当するものとしては、一般に入手困難な図書のほか、所蔵する地域／郷土資料、発行部数の少ない同人誌・私家版、大学等が独自に発行する紀要等が含まれると考えられている[23]。なお、著作権法第31条の「図書館等」には公共図書館、大学図書館は含まれるが学校図書館は含まれないこ

---

22) 文化審議会著作権分科会（2015）「平成26年度法制・基本問題小委員会の審議の経過等について」。参照は pp. 9 -10。https://www.bunka.go.jp/seisaku/bunkashingikai/chosakuken/bunkakai/41/pdf/shiryo_3.pdf（2021年12月21日アクセス）

とに留意する必要がある（著作権法施行令第1条の3）。

　なお、国立国会図書館は例外扱いされており、著作権が働いている現物資料でも許諾なしにデジタル化可能となっている。とはいえ、デジタル化資料をインターネット公開するためには著作権者から許諾を得ねばならないし、実際には権利者団体と協議のうえでデータの作成作業は進められている。また、ボーンデジタル資料を収集する行為も複製に当たるが、国立国会図書館法にもとづくインターネット資料及びオンライン資料の収集のための複製は、必要と認められる限度において、権利者の許諾を得ることなく行うことが認められている。

## (3) 公開

　デジタルアーカイブの資料は、インターネット上で一般公開できる場合もあれば、施設内での限定公開にとどまらざるを得ない場合もある。あるいは第11章でみたダークアーカイブのように、権利関係から非公開とする場合もあり得る。

　一般公開は、①著作権保護期間が満了して当該資料に公衆送信権が働いていなければ、あるいは②保護期間は満了していなくても権利者の許諾が得られれば、可能となる。加えて③著作権の有無や著作権者の連絡先が不明の場合に文化庁長官の裁定を受けることでも実現できる。この裁定制度は、以前は権利者捜索の要件等が厳しかったため申請する機関が限られていた。しかし近年では要件が緩和される傾向にあるため、当制度を活用するデジタルアーカイブが今後増えることを期待したい。

　限定公開となるのは、権利者側がそのような条件を望む場合、あるいはデジタルアーカイブの提供者側が一般公開は望ましくないと判断した場合等が想定される。限定公開の方法は、施設内の専用端末からのみアクセス可能として同時アクセス数を制御する等、いくつかの選択肢があるが、権利者側との交渉に左右される。

---

23) 生貝直人（2019）「デジタルアーカイブの構築にかかわる法制度の概観　最近の法改正等を中心に」、数藤雅彦編『デジタルアーカイブ・ベーシックス　1　権利処理と法の実務』勉誠出版, pp. 1-14。参照は p. 4。

　なお、保存のための複製の枠組みでデジタル化された資料が権利処理できていない場合、国立国会図書館による図書館向けデジタル化資料送信サービス（国立国会図書館のデジタル化資料のうち、絶版等の理由で入手が困難な資料を、国立国会図書館の承認を受けた他の図書館等の館内で利用できるサービス）[24]を活用して限定公開とする方法もある。具体的には、国立国会図書館の求めに応じて自館のデジタル化資料を提供し、上記の送信資料に含めることが考えられる[25]。送信先の対象は拡大傾向にあるため、限定公開とはいえ、その射程範囲は広い。

⑷　オープン化

　ここまでにも繰り返し触れてきたが、デジタルアーカイブから発信される文化遺産はできるだけ誰もが自由に利活用可能なかたちで提供されることが望ましい。特に国及び地方公共団体は官民データ活用推進基本法においてオープンデータに取り組むことが義務づけられている。具体的には、著作権の保護対象となる資料やサムネイル、メタデータの場合は利用条件を表示したうえで公開できるとよい。それにより第三者は当該データを利用しやすくなる。デジタルアーカイブでもよく使われている利用条件の表示方法としては、クリエイティブコモンズ（Creative Commons：CC）ライセンスがあげられる。著作者のクレジットを表示することのみを条件とする場合は「CC-BY」、いかなる権利も保有しないことを示す場合は「CC 0」等のかたちでライセンスを選択することができる。

**3.2　プライバシー権、肖像権、個人情報**

　プライバシーの権利や肖像権もまたデジタルアーカイブの運営に影響を及ぼす。どちらの権利も法律上明文化されたものではないが、デジタルアーカイブの文脈からすると、個人に関する事柄を第三者から無断で収集・公開されない

24）国立国会図書館「図書館向けデジタル化資料送信サービス」　https://www.ndl.go.jp/jp/use/digital_transmission/index.html（2021年12月21日アクセス）
25）文化審議会著作権分科会（2015）前掲。参照は p.11。

権利といえる。法律上明文化された権利でないこともあり、侵害リスクを完全に排除することは難しい。

　たとえば災害記録の保全や地域おこしの視点から、公共図書館が住民に募り集まった未公表の写真・動画を保存・公開する際には、募集要項に注意事項を記載するとともに（例：容姿がアップで撮影されている場合や個人の私生活があらわになっている場合には当該個人から許諾を得る必要がある）、受け付けた応募作品の丹念なチェックが欠かせない。人格的利益を侵害している可能性が少しでも残る応募作品は限定公開すら不可であり、最終的には取り下げとせざるを得ない。関連して、たとえば古文書のうち近世における被差別部落の地名が明確に示された絵図等については差別や人権侵害を助長する性格があるため、一般公開でなく、館内端末での限定公開とする等の考慮が必要になる。なお、デジタルアーカイブ学会では、肖像が写った資料の公開方針を自主的に判断できるように「肖像権ガイドライン」が策定されている[26]。

　一方、いわゆる個人情報の保護に関する法律（以下個人情報保護法と略す）で保護される「個人情報」とは、生存する個人に関する情報のうち特定個人を識別可能なもののことをいう。従来、「個人情報」については、組織の立脚基盤ごとに適用される法令が異なり課題となっていたが、2021年の法改正によって個人情報保護法に一本化され、基本的に一律適用されることとなった。具体的には、「個人情報」を含む現物資料またはボーンデジタル資料を取得時に、デジタルアーカイブで保存・公開する目的を通知／公表できていたかが問題となるだろう。また、館内の端末での限定公開、閲覧制限（閲覧に際して利用申請書の提出を求めること）、漏えいが生じないような保管の徹底、個人情報の本人からの各種請求への対応等、種々の判断、配慮も必要になる。なお、たとえば欧州域内のEU一般データ保護規則（General Data Protection Regulation: GDPR）では、公共目的でアーカイブする行為に配慮した規定が設けられている。日本でも同様の枠組みがあれば、デジタルアーカイブの取り組みを進めやすくなるだろう。

---

26）デジタルアーカイブ学会「肖像権ガイドライン」 http://digitalarchivejapan.org/bukai/legal/shozoken-guideline/（2021年12月21日アクセス）

## 3.3　所有権

　最後になるが、民法上の所有権への配慮も必要である。たとえば図書館では、個人所蔵者等から所有権の移転を伴わない寄託資料を受け入れ、それらを長期にわたり管理することが少なくない。著作権の保護期間が満了した古文書であっても、寄託資料をデジタルアーカイブで公開するに当たっては、トラブルが発生しないよう、寄託者に改めて許諾をとる必要がある。また、都道府県史、郡史誌、市区町村史誌等の自治体史誌のデジタルアーカイブ構築に当たっては、所有権が難点となり事業として実現しにくいという課題がある。これは、元の資料に掲載された文化財、美術品の写真等に関して、個人所蔵者から限定的な掲載許可しか得られていない場合があるためである[27]。

---

■□コラム□■

### 決め手は、言葉同士のつながり！

　億の単位にメタデータ収録件数が迫る世界のデジタルアーカイブ・プラットフォーム。何が成功の決め手？　と聞くと、やはり、コンテンツでしょ！　と即答されそうである。ごもっともだが、そのあるはずの素敵なコンテンツが出てこないというのはよくある話である。それは、検索テクニックがないから…といわれて自己責任で話は終わりそうだが、実は当のデジタルアーカイブにも責任の一端がある。たとえば、海外のデジタルアーカイブでも人気の浮世絵。生涯30回以上改名した北斎を筆頭に、浮世絵師の改名は多い。知らぬ間に検索漏れが起きぬ仕組みが必要である。デジタルアーカイブが今後、百年、千年と維持運営されることを考えると、言葉の変遷や言葉同士の意味の異同をたどりながら検索できる機能の充実がますます望まれる。やはり、決め手は、シソーラス（言葉同士のつながりの整理）でしょ！

（森山光良）

---

27）清水芳郎（2019）「美術全集のデジタルアーカイブ構築の実務と問題点」数藤雅彦編『デジタルアーカイブ・ベーシックス　1　権利処理と法の実務』勉誠出版，pp.154-171。参照はp.160。

<table>
<tr><td>第13章</td><td>IT ガバナンス</td></tr>
</table>

## ① IT ガバナンスとは

　ここまでみてきた個々の情報技術を図書館の現場で最大限生かすには経営的な視点が欠かせない。本章では政策・方針レベルの課題を「IT ガバナンス」の範囲と定め、その概要についてまとめる。明確に切り分けることは難しいが、便宜的に、執行・実践レベルの課題は「IT マネジメント」の範囲として次章で扱う。以下、まずは IT ガバナンスの概要、次いで公立図書館の IT ガバナンスのあり方に強く影響を及ぼす政府の**情報政策**の動向、最後に業務・サービスのデジタル化（オンライン化）を進めるうえで避けられない**情報セキュリティ**の側面についてみていく。

　「ガバナンス」という語は直訳すると「統治」のことだが、統一的な定義がある概念ではないためイメージしにくいかもしれない。これに「IT」（情報技術）がついた「IT ガバナンス」とは、経済産業省「システム管理基準」（2018年改訂）によると、"経営陣がステークホルダのニーズにもとづき、組織の価値を高めるために実践する行動であり、情報システムのあるべき姿を示す情報システム戦略の策定及び実現に必要となる組織能力"とされている。"経営陣は IT ガバナンスを実践するうえで、情報システムにまつわるリスク…… だけでなく、予算や人材といった資源の配分や、情報システムから得られる効果の実現にも十分に留意"しなければならない。一方、「IT マネジメント」とは"情報システムの企画、開発、保守、運用といったライフサイクルを管理するためのマネジメントプロセス"とされる[1]。図書館という組織に当てはめれば、図書館長や設置母体である組織の経営層が、各種図書館サービス・業務を支え

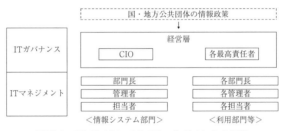

**図13.1　IT ガバナンスと IT マネジメントの関係**
（出所）「システム管理基準」[1]にもとづき筆者作成

る情報システムの企画・調達・開発・運用・保守に関する「IT マネジメント」について評価・監視する全体の仕組みを「IT ガバナンス」と呼ぶ。なお IT ガバナンス関連の規格としては、国際標準 ISO/IEC 38500と国内標準 JIS Q 38500のシリーズ、またアメリカで作成された IT ガバナンスの評価基準体系 COBIT（Control Objectives for Information and Related Technology）があげられる。

　このような評価・監視型の統治体制において「CIO」と呼ぶ役職がおかれる場合がある。CIO（Chief Information Officer）とは、IT に関する専門的知識にもとづき、経営的観点から組織全体の情報システム戦略や情報管理などを統括する「最高情報責任者」のことだ。CIO や IT マネジメントと IT ガバナンスとの関係性については図13.1に示した。ただし、こういった「統治」体系は組織の規模や位置づけによって当然異なり、必ずこうなるべきというものではない。たとえば外部人材が CIO として登用される例もあれば、情報システム部門長が CIO にもなるなど、ガバナンスとマネジメントの役割双方を兼務する配置構成がとられる場合もあるだろうし、小規模な組織では情報システム部門と利用部門が一体化しているところもある。日本では、政府全体の情報化推進体制を確立するため各府省に CIO が配置されるとともに、専門知識・経験をもつ人材が政府内部に少ない状況を改善するため、外部専門家を含め、CIO に支

---

1）経済産業省（2018）「システム管理基準」p. 2。https://warp.da.ndl.go.jp/info:ndljp/pid/11623215/www.meti.go.jp/policy/netsecurity/downloadfiles/system_kanri_h30.pdf（2021年 3月26日アクセス）

表13.1 IT ガバナンスの概要

| 分　野 | 取り組み | ポイント | 取り組みが不十分な場合 |
|---|---|---|---|
| 基本戦略 | IT 利用の基本方針策定 | ・IT は政策達成の手段と定義<br>・形式でなく質を重視 | ・IT が手段でなく目的化<br>・設置母体の方針と不整合 |
| | 全体最適化の取り組み | ・情報資産の一元的把握<br>・技術基準統一と共通基盤整備<br>・業務とシステム双方の最適化 | ・機器類の紛失や旧式化<br>・重複投資、操作の煩雑さ<br>・業務負荷の増大 |
| 推進体制 | 組織体制の確立 | ・CIO を支える体制を強化<br>・CIO 等の権限責任を明確化<br>・IT ／利用部門間の協力体制 | ・ガバナンスの不実行<br>・体制の形骸化<br>・実務で使えないシステム |
| | 人材の確保・配置 | ・内部人材の確保<br>・外部人材の活用 | ・外部事業者に過度な依存<br>・専門知識が組織内に欠如 |
| 予算<br>実施計画<br>評価 | 予算・実施計画の策定 | ・重要案件は政策判断<br>・IT 部門が予算編成に関与 | ・不十分な予算配分<br>・低い費用対効果 |
| | 評価の実施 | ・評価と予算をリンク | ・不適切な予算配分 |
| 調達<br>開発<br>運用 | 調達・開発・運用の管理 | ・仕様や要件の明確化<br>・積算方法の向上<br>・調達改革の推進<br>・プロジェクト管理手法の導入 | ・不要機能や過剰性能<br>・トータルコストが肥大化<br>・不透明／不公平な調達<br>・プロジェクトの遅延 |
| 情報セキュリティ | 情報セキュリティの確保 | ・PDCA サイクルの確立と継続<br>・情報漏洩対策の徹底 | ・不十分な監査／評価<br>・情報漏洩の発生 |
| 標準化<br>知識共有<br>人材育成 | 標準化・知識共有 | ・ガイドライン等の策定更新<br>・知識経験の共有化 | ・属人的な体制<br>・ノウハウの欠如 |
| | 人材の育成 | ・必要なスキルと知識の明確化<br>・OJT と専門研修の導入 | ・モチベーションの低下<br>・人材不足 |

(出所)「地方公共団体における IT ガバナンスの強化ガイド」[2]にもとづき筆者作成

援・助言する役割を担う CIO 補佐官制度が整備されてきた。地方公共団体に対しても同様の取り組みが求められ、外部人材の CIO 補佐官が設置されている市区町村はまれであるものの「自治体 CIO」の配置例は多い。他方、公立図書館という組織内に CIO という肩書きの役職が配置されている例は少なくとも一般的でない。いずれにせよここで重要なのは、CIO という肩書きでなく、情報技術のことを理解している責任者が経営判断にたずさわる体制が IT ガバナンスの徹底には欠かせないということである。

やや古いが、総務省が定めた「地方公共団体における IT ガバナンスの強化

ガイド」（2007年）では、IT ガバナンスの確立へ向けて取り組むべき分野・事項とその際のポイント、さらに取り組みが不十分な場合に生じ得る問題点が整理されている[2]。分かりやすいため概要を表13.1にまとめた。ただし繰り返しになるが、地方公共団体ひいては公立図書館のおかれている状況は地域により多様であるため、文脈に応じ、IT ガバナンスの実質を強化・維持していくアプローチが望ましい。

## ② 情報政策との関係

公立図書館の設置母体が地方公共団体である以上、公立図書館の IT ガバナンスは、基本的には、地方公共団体の主体的な情報政策にもとづき展開されることが期待される。もっとも、地方公共団体の情報政策は国の政策と密接な関係にある。したがって、図書館の IT ガバナンスのあり方は国の情報政策にも大きく左右される。しかし、一口に情報政策といってもその対象範囲は幅広い。たとえばそこには、個人情報保護、知的財産権（デジタルアーカイブ政策を含む）、情報公開などのトピックも含まれ得る。ここでは焦点を絞り、公立図書館における IT ガバナンスのあり方を直接左右する「**電子政府**」や「**電子自治体**」の方針について整理する。

### 2.1　電子政府

「電子政府」あるいは「**デジタル・ガバメント**」とは、基本的に、行政内部の事務、あるいは行政と国民・事業者との間でやりとりされる手続きがデジタル化・ネットワーク化され、効率的・効果的なオンラインサービスが実現されたものをいう。

政府全体で業務の情報システム化が進められたのは、1994年に定められた

---

2) 総務省（2007）「地方公共団体における IT ガバナンスの強化ガイド」p.36。https://warp.da.ndl.go.jp/info:ndljp/pid/258151/www.soumu.go.jp/s-news/2007/pdf/070713_1_2.pdf（2021年 3 月26日アクセス）

「行政情報化推進基本計画」以降とみなされることが多い。これにより、行政情報の電子的な提供、行政省庁間の通信ネットワークの整備といった施策が展開されていった。その後、インターネット技術が一般に普及していくなか、2000年に「高度情報通信ネットワーク社会形成基本法（IT 基本法）」が成立する。この「IT 基本法」を根拠法として翌年設置された高度情報通信ネットワーク社会推進戦略本部（IT 総合戦略本部）が、社会全体の IT 戦略を含め、いわゆる電子政府関連政策を進めてきた。しかし、2021年には新たに「デジタル社会形成基本法」が整備され、それに伴い「IT 基本法」は廃止されるとともに、内閣総理大臣を長とするデジタル庁が内閣に設置された。なお情報セキュリティ政策については、内閣に設置された**サイバーセキュリティ戦略本部**、内閣官房に設置された**内閣サイバーセキュリティセンター**（NISC）が統括している。

　大枠としてみれば、初期にはインフラの整備が重視されてきたが、近年になるほど国民・事業者にとっての実質的な利便性向上が強く意識されている。たとえば「世界最先端デジタル国家創造宣言・官民データ活用推進基本計画（IT 新戦略）」に代表されるように、データの利活用が促されてきた。いわゆる「デジタルトランスフォーメーション（DX）」などの表現も出てきたが、いずれにせよ政府は社会全体のさらなるデジタル化を推進する方針を示し続けている。なお「IT 新戦略」では、表13.2のとおり "Society 5.0 時代にふさわしいデジタル化の条件" が５点あげられていたが[3]、これは公立図書館の IT ガバナンスを進めるうえでも重要な指針といえるだろう（表13.2）。

　電子政府自体に関する基本方針としては、行政手続きをインターネット経由で実現することを目指した「行政手続等における情報通信の技術の利用に関する法律（行政手続オンライン化法）」（2002年）、利用者本位の行政サービスの提供と予算効率の高い簡素な政府の実現を目標とした「電子政府構築計画」（2003

---

3）「世界最先端デジタル国家創造宣言・官民データ活用推進基本計画」（2020年７月17日閣議決定）p. 5。https://warp.da.ndl.go.jp/info:ndljp/pid/11628841/www.kantei.go.jp/jp/singi/it2/kettei/pdf/20200717/siryou1.pdf（2021年３月26日アクセス）

表13.2　「デジタル化の条件」に図書館の IT 戦略を照らし合わせると？

| 条　件 | 図書館の IT 戦略例 |
|---|---|
| ・国民の利便性を向上させる、デジタル化<br>手続きのデジタル完結、申請・届出のオンライン・ワンストップ化、民間クラウドを活用したデータ連携など、利便性向上を実感できるものとすべき。 | ・オンラインサービスの拡充<br>・他サービスとの連携 |
| ・効率化の追求を目指した、デジタル化<br>デジタル化は、労働時間の短縮、事業活動の合理化につながる業務・システム改革、行政運営の効率化等をもたらす。 | ・図書館業務の合理化<br>・テレワーク等の導入 |
| ・データの資源化と最大活用につながる、デジタル化<br>機械判読性（Machine-Readable）と発見可能性（Findable）を考慮して作成・提供されたデジタルデータは新たな価値をもたらす。 | ・データのライセンス整備<br>・API を介したデータ共有 |
| ・安心・安全の追求を前提とした、デジタル化<br>ネット接続機器の幾何級数的増加に伴いサイバー攻撃のリスクが高まるなか、安心・安全を大前提に、生産性向上等を支える情報セキュリティ対策に取り組む。 | ・情報セキュリティの担保 |
| ・人にやさしい、デジタル化<br>デジタル化は、安心・安全・豊かさの手段であり、取り残される人があってはならず、デジタル・インクルーシブな環境をつくり出す。 | ・デジタル格差是正サービス |

(出所)「IT 新戦略」[3]にもとづき筆者作成

年)、それに続く「電子政府推進計画」(2004年)、「電子行政推進に関する基本方針」(2011年)、「政府情報システム刷新にあたっての基本的考え方」(2012年)、「電子行政オープンデータ戦略」(2012年)、「オンライン手続の利便性向上に向けた改善方針」(2014年)、「オープンデータ基本方針」(2017年)、「情報通信技術を活用した行政の推進等に関する法律（デジタル手続法）」(2019年)、「**デジタル・ガバメント実行計画**」(2019年)、「デジタル社会の実現に向けた重点計画」(2021年) などがあげられる。

　これら諸政策には、民間企業の経営手法を公共部門へ積極的に導入することで効率化やサービス向上を実現しようとする「ニューパブリックマネジメント」の考え方が色濃く反映されている。いいかえると、厳しい財政状況が慢性的に続くなか、IT を活用した業務・サービス改革が一貫して求められてきた。

表13.3 「サービス設計12箇条」を図書館の IT 戦略に照らし合わせると？

| | サービス設計12箇条 | | 図書館の IT 戦略策定において、 |
|---|---|---|---|
| 1 | 利用者のニーズから出発する | 1 | 利用者・非利用者のニーズは把握済みか？ |
| 2 | 事実を詳細に把握する | 2 | データにもとづく分析はできているか？ |
| 3 | エンドツーエンドで考える | 3 | 対象者の情報行動の全体像を描けているか？ |
| 4 | すべての関係者に気を配る | 4 | 利害関係者への影響を考慮できているか？ |
| 5 | サービスはシンプルにする | 5 | 誰もが利用しやすいサービスといえるか？ |
| 6 | 技術を活用しサービスの価値を高める | 6 | 他サービスと比べて極端に劣っていないか？ |
| 7 | 利用者の日常体験に溶け込む | 7 | 関連する情報サービスと連携できているか？ |
| 8 | 自分でつくりすぎない | 8 | 民間の情報サービスは活用できないか？ |
| 9 | オープンにサービスをつくる | 9 | 採用技術は一般的に使われているものか？ |
| 10 | 何度も繰り返す | 10 | 継続的にフィードバックを得る仕組みは？ |
| 11 | 一遍にやらず、一貫してやる | 11 | 優先順位に従い段階的に進められているか？ |
| 12 | 情報システムではなくサービスをつくる | 12 | 利用者にとって最適なサービスか？ |

(出所)「デジタルガバメント実行計画」[4]にもとづき筆者作成

その是非については別途議論がありえるが、興味深いことに、長年このような
電子政府の実現・改善が試みられてきたにもかかわらず、いぜんとして行政の
オンライン手続きは分かりにくく使いにくいという指摘が根強くある。「デジ
タル・ガバメント実行計画」では、"単に過去の延長線上でいまの行政をデジ
タル化するのではなく、デジタル技術の活用に対する考え方を改め、デジタル
を前提とした次の時代の新たな社会基盤を構築する"観点の必要性が改めて指
摘されていた[4]。さらに同計画では、利用者中心の行政サービスを実現させる
うえでのノウハウ（サービス設計12箇条）も示されていたが、これは図書館の
IT 戦略を立てるうえでも役立つ指針になるため、表13.3にまとめた。

## 2.2　電子自治体

　国レベルの政策では、電子政府と同じ考えのもと、電子自治体の推進も図ら
れてきた。先に触れた「デジタル社会形成基本法」では地方公共団体の責務も
定められている。このような国の方針にもとづき、各地方公共団体では行政手

---

4)「デジタル・ガバメント実行計画」（2019年12月20日閣議決定）引用は p. 5。https://web.
archive. org/web/20201110013851/https: //cio. go. jp/sites/default/files/uploads /documents/
densei_jikkoukeikaku_20191220.pdf（2021年 3 月26日アクセス）

続きのオンライン化が模索されてきた。前述した「行政情報化推進基本計画」以降に推進された代表的な施策としてあげられるのは、「住民基本台帳法の一部改正」（1999年）を受け、2002年から稼働が開始された「住民基本台帳ネットワークシステム」の整備である。2000年に自治省（現在の総務省）で定められた「IT 革命に対応した地方公共団体における情報化施策等の推進に関する指針」では基盤インフラの必要性が示され、地方公共団体間を接続する行政機関専用コンピュータネットワークである「総合行政ネットワーク（LGWAN）」等の整備も進められた。

　その後も電子政府の動きと連動し、総務省からは「電子自治体推進方針」（2003年）、「新電子自治体推進指針」（2007年）が示された。近年では、「官民データ活用推進基本法」（2016年）において地方公共団体を含む行政機関等の手続きはオンライン利用を原則とすることが定められ、さらに「デジタル手続法」ではそれに伴う情報システムの整備が地方公共団体に求められている。また「デジタル・ガバメント実行計画」では、優先してデジタル化すべき行政手続きが明記され、政策の徹底が図られてきた。なおこのなかで、“処理件数が多く、オンライン化の推進による住民等の利便性の向上や業務の効率化効果が高いと考えられる手続” の筆頭例として「図書館の図書貸出予約」が掲げられている[5]。つまり、行政手続きのオンライン化という文脈において「図書館の図書貸出予約」は他の行政サービスよりもデジタル化が実現されている／実現しやすいものと位置づけられてきた。ただし、デジタル化の状況は地域によって多様だ。「市町村のデジタル化の取り組みに関する情報に関する基礎データ」によれば（2020年6月30日更新分データ）、対象となる地方公共団体のうち「図書館の図書貸出予約」がオンライン化済みのところは6割程度にとどまり、それらのオンライン化率（手続き総件数のうちオンライン上で対応された件数の割合）も市町村間でバラツキが大きい[6]。

---

5）前掲4）引用は「別紙5」の p.120。
6）内閣官房「市町村のデジタル化の取組に関する情報に関する基礎データ」https://web.archive.org/web/20201021125546/https://cio.go.jp/Initiatives_municipalities（2021年3月26日アクセス）

関連して推し進められている政策として、**マイナンバーカード**（個人番号カード）の普及があげられる。マイナンバーカードで本人確認を行い、各種行政手続きをオンライン上で実現させるという方向性が各種計画で定められてきたが、実際のところ普及率はかんばしくない。このような現状を打開する策の一つとして、公立図書館での活用も模索されてきた。実際、マイナンバーカードを図書館利用者カードとして利用可能な地方公共団体がいくつか現れてきている。

　さらに、行政手続きのデジタル化を実現させる一手段として、**クラウド・コンピューティング**の活用が進められている。たとえば総務省による「電子自治体の取り組みを加速するための10の指針」（2014年）では、番号制度の導入時期にあわせ、特に複数地方公共団体の情報システムの集約と共同利用を図る**自治体クラウド**導入の必要性が強調された。自組織内に機器を設置して運用するのではなく、ネットワークを通じて外部事業者が提供するクラウドサービスを利用することで、システム維持管理コストの低減、災害に強い基盤整備、あるいは情報セキュリティ対策の強化につながることが期待されている。公立図書館においても、単独の自治体単位でクラウド型の図書館システムを導入するところが増加しているだけでなく、複数の地方公共団体で自治体クラウドを導入し、図書館システムを共同利用する事例もみられる。

　「官民データ活用推進基本法」では国だけでなく地方公共団体も**オープンデータ**の推進に取り組むことが義務づけられた。つまり、地方公共団体が保有するデータを容易に利活用できるようなかたちで提供することが求められている。公立図書館でも各種統計、著作権保護期間が満了したコンテンツ、書誌・目録などのデータがオープンなかたちで公開される事例が増加してきた。公開に当たっては、表13.2の通り、第三者に利活用してもらえるよう機械的に処理しやすい形式でのデータ提供が求められている。

## ③　情報セキュリティ

　最後に、IT 利用の状況がどのような段階であれ、図書館では利用・利用者情報を扱う以上、何らかの対策が不可欠な**情報セキュリティ**についてまとめる。

　情報セキュリティとは、"正当な権利をもつ個人や組織が、情報や情報システムを意図通りに制御できること"とされ[7]、また情報セキュリティマネジメントシステムの標準である **JIS Q 27000:2019**（ISO/IEC 27000）によれば、"情報の機密性、完全性、可用性を維持すること"、さらに注記として、"真正性、責任追跡性、否認防止、信頼性などの特性を維持することを含めることもある"（表13.4）。重要なのは、それぞれの特性をバランスよく維持した対策を各組織（各図書館）で立てねばならない点である。たとえば、あまりにも機密性を重視し過ぎた対策では逆に可用性が損なわれかねない。

　情報セキュリティの文脈において、守るべき対象は**情報資産**と表現される。具体的にはハードウェア、ソフトウェア、ネットワーク、関連施設・設備、データ、記録媒体、関連文書などが想定される。それら情報資産と絡む各特性が組織内外の要因（脅威）により損なわれてしまう可能性を情報セキュリティ上のリスクとみなす。主なリスク要因については表13.5にまとめた。なお、実際にリスクが顕在化してしまった事態を**インシデント**と呼ぶ。

　組織は、機密性・完全性・可用性等の特性に対する脅威から情報資産を保護するために対策を施さなければならない。その際、場当たり的でなく系統的な対策が実行できるように、**PDCA サイクル**の確立が求められる。PDCA とは計画（Plan）、実行（Do）、点検（Check）、処置（Act）の頭字語だが、具体的には、[P] 体制の整備とポリシーの策定、[D] 情報システムの導入と運用、[C] 監視・解析と対策の評価・監査、[A] 監視結果や評価にもとづく改善、といったプロセスを継続的に実行することを意味している。

---

7) 情報処理推進機構編（2018）『情報セキュリティ読本』五訂版，p.10。

表13.4 情報セキュリティの7要素

| 特 性 | 内 容 | 図書館における例 |
|---|---|---|
| 機密性 | アクセスを許可されたものだけがその情報資産へアクセスできる状態を確保すること。 | 図書館の業務システムを利用できるのはアクセス権限をもつ職員に限定されていること。 |
| 完全性 | 情報資産やその処理方法が正確かつ完全で改ざん等がなされていないこと。 | 図書館 Web サイトの内容が正確かつ完全で改ざんされていないこと。 |
| 可用性 | 許可されたものが必要に応じて情報資産へアクセスできる状態を確実にすること。 | テレワーク時、業務システム上にある必要なファイルへアクセスできること。 |
| 真正性 | 情報資産へアクセスするものが、たしかに許可された個人や組織であることを確認できること。 | 認証機能により登録利用者本人が契約電子書籍サービスへ遠隔からアクセスできること。 |
| 責任追跡性 | 情報資産に対して行われた操作の主体や変更履歴を遡って追跡できること。 | 検索システムへの大量アクセスが生じた際、ログからアクセス元・履歴を追跡できること。 |
| 否認防止 | 操作された事実や発生した事象を証明でき、事後に否認されないようにする能力のこと。 | 図書館の業務システムへ不正にアクセスした証拠としてログ等を提示できること。 |
| 信頼性 | 情報システムの動作が意図していた通りに行われること。 | 図書館の業務システムに内在するバグを改修し正常な動作を保証できること。 |

（出所）筆者作成

表13.5 主な情報セキュリティリスク

| | 外的要因 | | 内的要因 |
|---|---|---|---|
| マルウェア | コンピュータウイルスなど悪意あるプログラムに感染し、情報漏洩等が発生 | 脆弱性 | ソフトウェア等にセキュリティ上の欠陥が残存し、不正アクセスが発生 |
| 不正アクセス | 攻撃用ツール等に不正侵入され、盗聴・改ざん・不正使用等の行為が発生 | 紛失・盗難 | 個人情報が含まれた記録媒体が紛失し、情報漏洩等が発生 |
| サービス妨害 | サーバに大量のデータが送られ、性能低下・機能停止等が発生 | 誤操作 | 個人情報が含まれた資料を誤公開・誤送信し、情報漏洩等が発生 |
| 災害・事故 | 災害による機器障害等、疫病による運用要員の不足等が発生 | 管理不備 | 外部委託先の管理不備により、情報漏洩等が発生 |

（出所）筆者作成

(1) 計画

　このサイクルを徹底するに当たり、まずは組織的に明文化された文書として**情報セキュリティポリシー**を策定することが欠かせない。「サイバーセキュリティ基本法」では地方公共団体が情報セキュリティに関する自主的な施策の策定と実施を行うことが責務と定められている。また、総務省では2001年に「地方公共団体における情報セキュリティポリシーに関するガイドライン」を作成しているが、以来このガイドラインは逐次見直しが行われてきた。図書館でも同様に情報セキュリティポリシーを整備することが望まれる。なお関連して、日本図書館協会からは「デジタルネットワーク環境における図書館利用のプライバシー保護ガイドライン」が示されている[8]。

　一般的に、情報セキュリティポリシーの策定では、基本方針・対策基準・実施手順の三層に分けて考えるのがよいとされる。このうち基本方針と対策基準がセキュリティポリシーと位置づけられ、これらの関係を図13.2に示した。

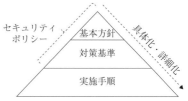

**図13.2**　情報セキュリティポリシーの体系
（出所）筆者作成

基本的には、どのような情報資産を保護すべきか棚卸し、次いでそれら情報資産にはどのような脅威が想定されるかを分析し、さらにそれらの脅威からどのように情報資産を保護するかをより具体化・詳細化させていく作業になる。具体化・詳細化が進めば IT マネジメントの領域と位置づけられる。

(2) 実行

　情報システムの構築段階では、ウイルス対策ソフトウェア、ファイアウォール、侵入検知・防止システム、暗号化通信などのセキュリティ装置が導入される。認証機能、システムの冗長化、バックアップ設定が施される場合もあるだ

8）日本図書館協会（2019）「デジタルネットワーク環境における図書館利用のプライバシー保護ガイドライン」 http://www.jla.or.jp/committees/jiyu/tabid/817/Default.aspx（2021年3月26日アクセス）

ろう。また、不正侵入リスクの低減につながるため、必要なサービスのみ稼働させ、不要なサービスは停止しておくのが望ましい。さらに、既知の脆弱性が存在する場合は運用段階に入る前に解消しておかなければならない。加えて、特に組織内外に多数の利用者がいる場合には、アクセス可能な情報の範囲や操作権限を事前に設定しておく必要がある。

　実際の運用段階では、可能な限り人的リスクを解消するため、セキュリティポリシーの周知徹底とセキュリティ教育が重要となってくる。また、技術は日々更新されていくため、定期的にソフトウェア等の脆弱性に対応することも欠かせない。なお、アカウント管理も継続的な対応が必要となる。

## (3) 点検

　確実に情報資産を保護するためには定期的な監視・評価が欠かせない。具体的には不正アクセスの監視・検知や脆弱性の検査、組織内部での自己点検、第三者による情報セキュリティ監査などの措置があげられる。

## (4) 処置

　実際にインシデントが発生した場合、あらかじめ定めておいた情報セキュリティポリシーに従い、検知後の初動処理、インシデントの分析、復旧作業、再発防止策の実施といった対応を進めることが基本となる。具体的な対応策はインシデントの内容に依存するが、セキュリティポリシーで定められた事項に不備があることを確認できる場合もあるだろう。その場合、改善策を検討し、必要に応じて計画段階に戻り、ポリシーの改定を行うことになる。

　以上、本章では、情報技術を図書館に組み込む際の指針となる IT ガバナンスの考え方についてまとめた。特に、公立図書館の IT 戦略策定・遂行に多大な影響を及ぼす電子政府・電子自治体の動向について整理するとともに、経営上対応が必須な情報セキュリティの概要について記した。次章では、情報システムの企画・調達・開発・運用・保守の側面に焦点を当て、より実践に近い

IT マネジメントの領域についてみていく。

**参考文献**

情報処理推進機構編（2018）『情報セキュリティ読本』五訂版，実教出版。

デジタル庁　https://www.digital.go.jp/（2021 年 9 月 1 日アクセス）

e-Gov ポータル　https://www.e-gov.go.jp/（2021 年 9 月 1 日アクセス）

 コラム

### 第三者の目

　2015 年と少し前の話になるが、米国議会図書館は、IT ガバナンスや IT マネジメントに不備があることを米国会計検査院から指摘され、IT 戦略計画の早期策定や（本文で触れた）CIO の常置等を求められた。非常に分かりやすい例では、閲覧室・事務室にある情報通信機器の資産管理にも不備（台帳と実際の数があわない……）がみられたという。米国議会図書館といえば、世界最大規模のコレクションをもつとともに、蔵書の大規模デジタル化が進められ、多様なオンラインサービスをいち早く展開してきた図書館の代表例だ。そのような組織でも IT 化に十分対応できていない（税金が適切に使われていない）と厳しくたしなめられてしまったことになる。この事例は、IT ガバナンスを徹底するには自己評価にもとづく内部統制だけでは不十分で、客観的な外部監査（第三者の目）が欠かせないことを物語っている。

（塩崎　亮）

| 第**14**章 | ITマネジメント |
|---|---|

## 1　ITマネジメントとは

　前章で示した通り「**ITマネジメント**」とは「情報システムの企画、開発、保守、運用といったライフサイクルを管理するためのマネジメントプロセス」とされている。より広くいえば、経営全体のなかで、情報システム（以下「システム」）に対して経営資源つまり予算や人員をどのように配分し、それによってどうやって経営目標や戦略を達成するのかということについて考え、意思決定を行い、またその結果を評価するというプロセスの総体を指す。本章では主に図書館の業務やサービスでシステムを利用・管理する図書館員の観点から、**システムのライフサイクル**に従ってITマネジメントとして考慮すべき事項を説明したのち、管理手法として有用な**プロジェクトマネジメント**の考え方についてまとめる。

## 2　システムのライフサイクル

　システムのライフサイクルとは、システム開発前の企画検討の段階から、そのシステムを使わなくなる（廃棄する）段階までの全体を指す（図14.1）。ここでは図書館におけるシステムを想定して各段階について説明する。

### 2.1　企画

　2020年のコロナ禍においては、緊急事態宣言の発出に対応して各地の図書館でも臨時休館や来館サービスの縮小がみられた。これによって電子書籍の貸出

**図14.1**　システムのライフサイクル
（出所）筆者作成

等、電子的なサービスの展開が注目されたことは記憶に新しい。こうした状況に応じて「うちの図書館でも、所蔵資料で著作権等の問題がないものはデジタル化してインターネットで提供し、来館しないでも市民が利用できるサービスを拡張したい」と考えたとしよう。この場合、「来館しないでも利用できるサービスを拡張したい」ということが、図書館がおかれている環境から導かれる経営・サービスの改善目標となる。この目標を実現するためにシステムを新しく開発することが必要だとなれば、システムライフサイクルにおける企画段階が始まる。

　システムは、達成したい経営・サービス上の目的があって初めてその必要性や意義・効果が議論されることになる。どのようなシステムがあれば目的を達成できるのか、その実現にはどの程度の費用や時間・人員その他の資源が必要となり、どのような効果が期待できるかを整理しまとめるのが企画の段階である。企画書のかたちでまとめたものを図書館の経営層、場合によっては上位の設置母体に諮り、企画を進めてよいかの判断をえる。企画案が承認されれば、その企画を具体化していくための詳細な計画を策定（詳細は本章3節）していくこととなる。

## 2.2　要件定義

　企画段階で考えられた概要にもとづき、求めるシステムの条件を具体化する作業が**要件定義**である。たとえば「図書館がデジタル化した所蔵資料の画像を図書館の Web サイト上で閲覧可能とすること。同資料は次にあげる項目で検索可能とすること」など、そのシステムで実現したい内容を整理して定めることが要件定義の目的である。ここで定義されない事項は開発するシステムには

含まれなくなってしまう。単に検索というだけでなく、タイトル、著者……等の検索項目や求める検索性能なども決めていく必要がある。既存の図書館業務システムのデータを流用することや、児童向けの別画面が必要であれば、それも要件として定めなければいけない。

　要件定義にあたっては、**ユースケース**や**業務フロー**を作成して検討を進めることがある。ユースケースとは、システムが実際にどのように利用されるかを利用者の観点から整理したもので、これによってシステムに求める要望を明確にできる。業務フローはシステム以外の作業を含めた業務の流れを図示するフロー図であり、業務全体のフローを明らかにすることで、必要なユースケースやシステムを用いる業務を整理できる。システムが扱うデータ、たとえば書誌や利用者データについても項目や入出力の流れを定義しておかなければならない。こうしたものを要件定義の段階で作成し、システム開発事業者と共有できれば、後述する設計作業のインプットとして開発事業者も業務やサービスの理解度を高められ、関係者間で認識のズレが起きにくくなる。

　ユースケースなどを使って定義できる要件はシステムに求める機能が中心であり、これは**機能要件**と呼ばれる。一方、システムに求める性能、信頼性やセキュリティの担保といった機能以外の要件も決める必要がある。これらは**非機能要件**と呼ばれる。システムの利用者は業務やサービスに直結している機能に着目しがちで、非機能要件に関する検討は不十分になりやすい[1]。

　機能要件や非機能要件は検討の過程で過大になる傾向がある（例：「こういう機能が欲しい」「それならこういう機能もあれば便利だ」「これもやりたい」）。要件が多くなり複雑になればなるほど必要な費用は増え、プロジェクトの難易度は上がる。要件定義は主にシステムを使う利用者からの情報や要望をもとに決めていくが、いわれたままに要件とするのではなく、優先順位や本当に実現すべき要件は何かを考えなければならない[2]。

---

1) 非機能要件については次が参考になる。情報処理推進機構「システム構築の上流工程強化（非機能要求グレード）」https://www.ipa.go.jp/sec/softwareengineering/std/ent03-b.html（2021年5月18日アクセス）

## 2.3　調達

　要件が定義されれば次に、それらの要件を実現するシステムの開発段階に進む。定義された要件に従ってシステムを開発できる人材や部門が組織内にあれば、それらに依頼してシステムを開発できるが、現在の日本の図書館で対応可能な体制を備えている館は少ない。むしろ、定義した要件をもとに「**仕様書**」を作成し、その仕様書にもとづいて外部の事業者へシステム開発業務を委託するのが一般的である。仕様書にはシステムの要件のほか、納期や作業に求める条件等を記載する。このように図書館外部の事業者を選定し、仕様にもとづいた契約を結ぶ行為を総体として**調達**と呼ぶ。調達は組織によって方法が細かく決められていることが多い。たとえば公共図書館では自治体や国の規則によって調達方法が定められている。（行政機関としての公平性を担保するため）**競争入札**を行って委託先の選定を行うのが一般的である。競争入札の場合、価格によって受託者を決めることが多いが、事業者からの提案内容等、価格以外の要素と価格の双方を評価して決める場合もある。場合によっては任意の事業者を選定して契約する**随意契約**とすることもある。また、少額である場合には仕様をもとに複数社に見積を依頼し、その結果によって受託者を決定することもある。

　要件は定義されているがそれを実現する方法が複数ある、または実現する方法までは詳しく定義できないことがある。その際、実現方法や達成が見込まれる成果の優劣によって受託者を決められるように RFP（Request for Proposal）を発行し、開発内容の具体的な提案を事業者から受けるやり方もある。その場合、提示した予算内でもっとも内容がよい提案を選定する方法や、費用も含めた提案を受け、開発内容と費用の両面から総合的に受託者を選定する方法がある。どのような方法をとるかは各機関が従う規則と開発対象のシステムで重視する点から判断される。一般にシステム開発業務を委託する場合は「業務委託契約」となり、仕様書にもとづく成果物としてシステムの納品を受ける。システムを動かすためのハードウェア（サーバ、ネットワーク機器等）をあわせて調

---

2）情報処理推進機構『ユーザのための要件定義ガイド』第 2 版　https://www.ipa.go.jp/ikc/publish/tn19-002.html（2021年5月18日アクセス）

達することもある。この場合はハードウェアに求める要件（必要な機器の種類や台数、スペック等）も要件定義の段階で検討し、仕様書に記載しておく。こうした機器類は購入する場合もあるが、リースとして借り受ける場合もある。

　システム開発だけを調達することもあるが、開発したシステムを利用し続けるためには**運用・保守**の作業（後述）が重要となる。そのため後年の運用保守作業も含めて調達するのが一般的である。特にハードウェアをあわせて調達する場合は、ハードウェアの賃借期間や耐用年数を考慮し、その期間の運用・保守を含めて調達することが多い。その場合は運用・保守に関する要件やシステムを廃棄する段階で必要な作業についても仕様に盛り込んで調達する必要がある。たとえば賃借期間の終了後、既存システムのデータを次のシステムに移行するためには、必要なデータを新しいシステムで取り込めるように既存システムから出力できること、出力したデータの形式や項目等を明確にしておくことが欠かせない。これをシステム廃棄時の事業者の役務として仕様に盛り込んでおくか、図書館員側でそうした出力作業が可能なシステム機能や必要なドキュメントを用意させるといった仕様を含めておくことが必要である[3]。

　一方、近年ではシステムそのものは事業者が保持しており、そのシステムから提供されるサービスを利用するという役務提供型の契約も増えている。**クラウド型**の図書館システムを利用している場合などが該当する。システム自体を購入するのではなく、その利用権を購入しているイメージである。こうしたサービスとしてシステムを利用するやり方は SaaS（Software as a Service）と呼ばれる。一方ハードウェアのみをサービスとして利用し、そのうえで動作するソフトウェアやアプリケーションを独自に導入する場合は IaaS（Infrastructure as a Service）と呼ぶ。ハードウェアに加えて各種のサービスも提供するクラウドサービスとしては、AWS（Amazon Web Services）や Microsoft Azure などが著名である。クラウドサービスを利用するとハードウェアの管理に関する

---

3）移行に関する問題については、日本図書館協会による『図書館システムのデータ移行問題検討会報告書』も参照のこと。http://www.jla.or.jp/committees/tabid/590/Default.aspx（2021年5月18日アクセス）

作業がほぼ不要になり、独自に用意するよりも安価に機器を構成可能なことから、このようなサービスの利用がこれまで以上に増えていくと思われる。

## 2.4　設計

　要件や仕様は、あくまで図書館の目線で定義されたものにすぎない。実際に開発していくためには、要件をシステムでどのように実現するかが詳細に定義されねばならない。これが**設計**と呼ばれる段階である。

　たとえば、画面上でどの項目を表示し、どの部分をクリックしたら次にどのような画面が表示されるかといったことは画面定義として設計される。データの入出力機能については、どのような入力があるか、入力されたデータをどのように処理するか、処理されたデータをどう出力するか（画面に出力するか、帳票として出力するか、システム内に保存するか）といったことが定義される。これらはシステム**設計書**として文書化され、事業者側は設計書にもとづいてシステムを開発する。図書館側に求められるのは、定義した要件・仕様が過不足なく設計書に反映されているかをしっかり確認することである。設計段階では後述する運用・保守に関する設計も行う。

　設計には大きく**基本設計**（外部設計）と**詳細設計**の 2 種類があり、基本設計が仕様書や要件定義に対応した設計書となる。図書館側が確認するのは通例このレベルの設計書である。詳細設計は基本設計の内容をシステム内部の動作に踏み込んで定義するものである。設計書を作成するのは一般に開発事業者だが、事業者側任せにするのではなく、図書館も含めた関係者間でその内容に合意しておくことが欠かせない[4]。後段のテストや運用・保守で問題が生じた場合でも、まずはこの設計書の定義に立ち戻って、問題が仕様（設計）に沿ったものか、仕様に反したものかが判断されることになる。

---

4）情報処理推進機構『機能要件の合意形成ガイド』https://www.ipa.go.jp/sec/softwareengineering/reports/20100331.html（2021年 5 月18日アクセス）

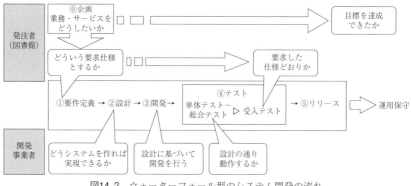

**図14.2** ウォーターフォール型のシステム開発の流れ

（出所）筆者作成

## 2.5 開発・テスト

　調達の項で触れた通り、図書館ではシステム開発を外部の事業者へ委託することが多い。図書館以外の分野でも、かつてはこのような外部委託が一般的だったが、近年では、システム開発を外部に委託することによって経営環境の変化に対応するのが遅れてしまう場合もあること、コスト削減の要請が強いことなどから、自組織内に設けた部門でシステム開発を行う企業が増えつつある。こうした自組織内でシステム開発を行う方法を外部委託に対して内製化と呼ぶ。海外の図書館では**システムライブラリアン**という職制があり、システムの開発・管理運用を主な業務とする職員をおく場合がある。このような場合、システムライブラリアンによる内製化がなされることもあるし、外部委託で導入したシステム（**図書館パッケージシステム**など）の運用・保守作業の一部をシステムライブラリアンが担うこともある。

　開発が完了したシステムは、十分に**テスト**され、問題ないことが確認できて初めて実際のサービスや業務で利用可能となる。当然ながらテストは開発事業者やシステム部門で行うが、図書館の現場職員も積極的にかかわらねばならない。通常、発注者が行うテストを**受入テスト**あるいは**利用者テスト**と呼び、完成したシステムを受け入れてよいかどうかが判断される。受入テストでは、システムが設計書通りに動作するか、さらに、要件定義の際に用いたユースケー

スや業務フローなどを使って実際に業務が想定通りに行えるかを確認する。ここまでのシステム開発の流れをまとめたものが図14.2である。

## 2.6　運用・保守

　完成したシステムを業務やサービスで使い続けるには**運用・保守**作業を継続的に行うことが欠かせない。運用とはシステムを日々問題なく利用するために必要な作業を行うことで、稼働状況や不正なアクセスが無いかの確認、ログやデータのバックアップ、利用者からの問い合わせ対応などが含まれる。保守とはシステムを継続して運用していくために、必要に応じてシステムに変更を加えること、システム障害や機器故障などが発生した際の対応、セキュリティパッチの適用を行う作業などを指す。機器類は経年劣化による故障もありえるため、事前に点検し、予防的に部品を交換することもある（予防保守）。

　主に運用・保守作業を中心とした IT サービスマネジメントのベストプラクティスをまとめたものが **ITIL**（Information Technology Infrastructure library）である[5]。ITIL では、**インシデント管理**、**問題管理**、**変更管理**といった領域ごとにどのような観点をもって管理していくことが必要なのかが説明されている（表14.1）。たとえばシステム障害時にそれぞれの障害に関する対応を管理していくことをインシデント管理と呼ぶが、発生した障害（インシデント）に対し、迅速にシステムを復旧させるにはどのような観点からどのような対応をとればよいかが示されている。類似のインシデントが複数回起きた場合、共通の原因や問題がある可能性がある。このような事態にどう対応するかを管理するのが問題管理である。問題の原因を突き止め改善策が定まったら、システムに変更を加えて問題の解決を図ることになる。その変更過程を管理するのが変更管理である。

　このように ITIL ではシステムの運用全般にわたって必要となる知識体系が

---

[5] ITIL の最新版は2019年に出された ITIL 4 だがそれまでのバージョンと大きく体系が変わっており、まだあまり普及していない。ここでは ITIL V3 2011の用語に沿って説明している。

表14.1　ITIL V 3 (2011) における管理プロセス

| 領　域 | プロセス | 領　域 | プロセス |
|---|---|---|---|
| サービス<br>ストラテジー | サービス戦略管理 | サービス<br>トランジション | 移行計画立案とサポート |
| | サービスポートフォリオ管理 | | 変更管理 |
| | 財務管理 | | サービス資産管理と構成管理 |
| | 需要管理 | | リリース管理と展開管理 |
| | 事業関係管理 | | サービス妥当性確認とテスト |
| サービス<br>デザイン | デザイン調整 | | 変更評価 |
| | サービスカタログ管理 | | ナレッジ管理 |
| | サービスレベル管理 | サービス<br>オペレーション | イベント管理 |
| | キャパシティ管理 | | インシデント管理 |
| | 可用性管理 | | 要求実現 |
| | IT サービス継続性管理 | | 問題管理 |
| | 情報セキュリティ管理 | | アクセス管理 |
| | サプライヤ管理 | 継続的サービス<br>改善 | 7 ステップの改善プロセス |

(出所) 最上 (2019) をもとに筆者作成

整理されている。ITIL はあくまでもベストプラクティスであるため、すべてを採用しなければいけないわけではなく、これを参考に各機関で適切なシステム運用方法を定めていけばよい。どのように運用・保守を行っていくかをあらかじめ検討し定めておくことを運用設計と呼び、その作業はシステムのリリース前までに終えておかなければならない。たとえば、システムに不具合を発見したときの連絡体制や連絡フロー、リリース後のシステムに対する要望の取り扱い、バックアップデータの取得頻度、メンテナンス作業でシステム停止が必要な場合の対応方法など、システム運用上、必要なルールや方法を定めるものである。リリース直前ではなくシステム設計の段階で運用設計を終え、その内容に対応した開発を行っていくことも重要である。

## 2.7　廃棄・更新 (リプレース)・次期システム

　使わなくなったシステムは廃棄され、ライフサイクルは終焉を迎える。業務

やサービスが変更となってシステム自体が不要になることもあるが、同様の主
要な業務・サービスを担うシステムは利用し続けたいこともある。クラウド
サービスを利用しているのではなく、機器を独自に導入している場合には、利
用している機器が耐用年数（あるいはリース期限）を迎える前に、別の機器にシ
ステムを移す必要が生じる。これは機器を置き換えることから一般に機器更新
あるいは**リプレース**と呼ばれる。機器の耐用年数や減価償却として決められた
年数などからおおむね 4 年〜 6 年をめどにリプレースが実施されることが多い。
また、既存のシステムが抱えていた課題や業務・サービス上の新たな要望が複
雑な場合には、リプレースのタイミングで別のシステムを開発・導入すること
もある。リプレースにあたっては、データやシステムを新しいハードウェアへ
移行する必要があるほか、旧システムからデータを削除する対応が必要になる。

　システムライフサイクルの終焉にあたっては、必要に応じて、次期システム
の要件や調達に反映できるように現行システムの評価を行う。システムを開発
したそもそもの目的はどの程度達成されたか、予想以上によい成果を上げた点
はあるか、達成できなかった課題やなお改善したい問題は何かといった点をシ
ステムの管理者だけでなく、利用者の観点も含めて整理し、次期システムの企
画や要件へと引き継いでいけるようにする。

　リプレース自体が一つのシステム開発プロジェクトでもある。リプレースを
行う場合は、企画段階からリプレースの要件・仕様を定義し、リプレースが完
了したことをテストした後、新しいシステムでの運用を開始することになる。
そして運用が終わる際にはそのシステムを評価し、次のシステムへとつないで
いく。つまり、システムを利用しながらこのようなライフサイクルを回すこと
で、システムを維持管理し、状況に応じた改善を行っていくことが IT マネジ
メントということになる。

### 3　プロジェクトマネジメント

　リプレースにしても新規開発にしても、ある期限までにシステムの構築を終

| 知識エリア |
|---|
| プロジェクト統合マネジメント |
| プロジェクト・スコープ・マネジメント |
| プロジェクト・スケジュール・マネジメント |
| プロジェクト・コスト・マネジメント |
| プロジェクト品質マネジメント |
| プロジェクト資源マネジメント |
| プロジェクト・コミュニケーション・マネジメント |
| プロジェクト・リスク・マネジメント |
| プロジェクト調達マネジメント |
| プロジェクト・ステークホルダー・マネジメント |

×

| プロセス群 |
|---|
| 立ち上げプロセス群 |
| 計画プロセス群 |
| 実行プロセス群 |
| 監視・コントロール・プロセス群 |
| 終結プロセス群 |

**図14.3** PMBOK（6版）における知識エリアとプロセス郡
(出所) Project Management Institute（2017）をもとに筆者作成

え、日常業務やサービスで使えるようにしなければならない。システムの利用が始まれば開発作業はいったん終了となる。一方で、図書館業務などは基本的には日々続いていく終期のない作業である。システム開発のように終期が予定され、一回限りの独自性ある成果物をつくり出す作業の総体をプロジェクトと呼ぶ。システム開発に限らず、たとえば図書館で講演会のようなイベントを開くことも一つのプロジェクトといえる。開催に必要な準備作業、イベント当日の作業、事後処理など、イベントを完了させるまでが一つのプロジェクトとなる。

　プロジェクトの終期までに目指していたゴールを達成するには、関連するさまざまなものごとを管理していかなければならない。そのような活動の総体をプロジェクトマネジメントと呼び、必要な知識を体系化したものとしてPMBOKがよく知られている。PMBOK（第6版）では10の知識エリアと5つのプロセス群を定義し、プロジェクトの各プロセスを管理するために必要な知識が整理されている（図14.3）。ここでは、システム開発等の発注元である図書館側の担当としてプロジェクトマネジメントについて知っておくとよい点を限定的に取り上げて解説する。なお、ここでは取り上げなかったが、たとえばコストや品質、人員などのリソースも必要に応じて管理しなければならない。

## 3.1　プロジェクト計画の策定

　プロジェクトの終期までに（企画・要件定義段階で決められた）ゴールに到達し、成果を出さなければならない。システムを開発してリリースする、あるいはあるイベントを成功させるなどだ。そのためにはプロジェクトのゴールは何か、プロジェクトの責任者や推進体制、期限までに誰が何を行わなければいけないか、プロジェクト全体をどのように進めていくかといったことをあらかじめ計画し**プロジェクト計画書**として明文化しておくこと、そしてそれをプロジェクトメンバー全員で共有しておくことが最初に必要となる。あらかじめ計画を立てておくことにより、プロジェクトに遅延が発生したり予定外の事象が起きたりしても、どのような対応を行えば元の予定に戻せるか、期限までに目的を達成できるかを当初計画からのズレとして把握したうえで対応できる。また計画書を作成しておくことで、プロジェクト開始後に「しまった、あの件を忘れていた」といった事態を避けられ、関係者間での認識共有も可能となる。経営層などにプロジェクトの状況を報告・説明する際にも、計画と実績との差分として計画通りに進んでいるかどうかを報告しやすい。計画書では、プロジェクトの目的や目標といった達成すべきゴールを掲げたうえで、プロジェクトの進め方や基本方針、作業内容、スケジュール、実施体制、プロジェクトマネジメントの方法、上層部への報告や意思決定のルールなどを定める。

## 3.2　スケジュール管理

　プロジェクトマネジメントにおいてもっとも重要なのが**スケジュール管理**である。あらかじめ計画したスケジュールと実際の進捗状況を確認して、遅延や変更に対して必要な対応を行い、期日までにプロジェクトの目標を達成・完遂することがスケジュール管理の目的である。

　スケジュールを検討する際には、プロジェクト終了までにどのような作業を行わなければならないかを洗い出し、それぞれの作業に必要な作業期間を見積もる。その際、作業間の依存関係（ある作業が終わらないとある作業は始められない、ある作業とある作業は同時期に行う必要があるといった作業間の関係）を考慮し

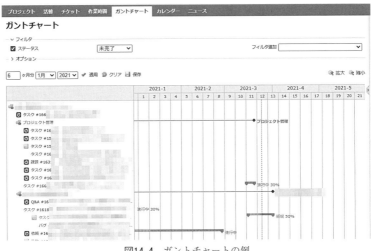

図14.4　ガントチャートの例

（出所）筆者作成

なければならない。作業を洗い出す際に使われる手法が WBS（Work Breakdown Structure）である。WBS は、「モレなく、ダブりなく」（MECE：Mutually Exclusive, Collectively Exhaustive）作業を洗い出し、表などの形式でまとめたものである。プロジェクトの完遂に必要となる成果物や工程をひとまとまりとして、その成果物をつくるため／工程を終えるために必要な作業を「モレなく、ダブりなく」洗い出していく。たとえば設計工程を終えるには、必要な設計書が洗い出されたうえで、基本・詳細設計の検討が終わり、すべての基本・詳細設計書が完成していること、また発注者側の確認が終わっていることが必要である。こうした検討作業、設計書の作成作業、確認作業などを網羅的に整理したものが WBS となる。

　WBS をもとに、それぞれの作業の依存関係を考慮したうえで必要な作業期間や期限を割り当てると、プロジェクトのスケジュールができあがる。スケジュール作成時には、節目となる**マイルストーン**についても検討する。マイルストーンとはプロジェクト全体のなかでの重要なチェックポイントのことをいう。遅延が許されない、あるいは遅延すると全体に大きな影響のある工程の期

日、大きな意思決定や報告のタイミング、実施日時が限定されたイベントなど
を指す。マイルストーンはプロジェクト全体の中間目標であり、あるマイルス
トーンまでに予定された作業が終わっているかを確認することにより、プロ
ジェクト全体の進捗に問題がないかを大きな観点から把握できる。

　スケジュールは**ガントチャート**という図で視覚化することが多い（図14.4）。
ガントチャートでは、縦に（WBS として洗い出した）作業を並べ、横に時間軸
をおき、そのうえに作業予定期間を線や長方形で描くことで、いつどのような
作業が予定されているかを示す。作業間の依存関係、マイルストーンや担当者
をあわせて記載することもある。

　WBS やガントチャートを用いて、担当者や開発事業者などの関係者間で定
期的に進捗状況を確認する。遅れが見られた場合には、マイルストーンやプロ
ジェクト全体への影響を考慮し、必要があれば遅れを解消するための施策を検
討する。その際に重要なのが**クリティカルパス**の考え方である。**クリティカル
パス**とは、プロジェクト終了までの各作業を、前述した依存関係にもとづいて
つないだ際に、期間が最長となる経路のことである。**クリティカルパス**上にあ
る作業に遅延が生じるとプロジェクト全体が遅れることになるため、クリティ
カルパスを意識してスケジュール管理を行わなければならない。

### 3.3　課題管理・リスク管理

　プロジェクトを進めるうえでは、すべてが予定通りに行くとは限らず、予想
しなかった事態が起こり得る。プロジェクトを進展させるために解決しなけれ
ばいけない問題を課題と呼び、計画された作業とは別に課題の解決や解消を図
ることが必要となる。どのような課題が発生したかを明らかにし、解決に必要
な対応内容を検討し、対応の期限や担当を決めることで解決を図っていく活動
が**課題管理**である。課題の管理にあたっては、担当者や解決期限、解決したと
判断するための条件などを決めてスケジュールと同様に進捗を管理していく。
課題にはプロジェクトの進捗や目的の達成に影響を与える大きな課題もあれば、
より小さな課題もある。課題が解決されない場合にプロジェクト全体へ与える

影響の大きさ（重要度）と、いつまでに解決しなければいけないか（緊急度）という二つの要素にもとづき優先順位を決め、対応を進めていく。一般に緊急度よりも重要度を重視して優先度を決めるとよいといわれている。場合によっては要件の一部を諦めることや追加の投資が必要となってしまうこともあるため、プロジェクトの成功に向けては、課題を隠すことなくきちんと管理することが欠かせない。

　課題管理は、実際に発生（顕在化）した問題を対象とする。他方で、発生し得るがまだ顕在化していない問題を**リスク**と呼ぶ。すべてのリスクを予想することは困難だが、リスクが顕在化するかどうかを監視していくこと、顕在化しないような対策や影響を軽減させるための対策を行うこと、そして顕在化した場合にどう対応するかをあらかじめ考えておくことが**リスク管理**である。リスクが顕在化しているかどうかをスケジュールや課題と同様に定期的に確認できれば、リスクが顕在化する可能性が高くなったり、実際に問題として発生したりする前に、リスクを回避・軽減化する方策がとれる。リスクは、発生する可能性と発生した場合の影響の大きさから評価し、影響の大きいもの、発生する可能性の高いものを重視して管理を行う。

### 3.4　プロジェクトの終結

　プロジェクトは計画した作業をすべて終え、目的・目標が達成されたら終結となる。とはいえ自動的に終わるわけではない。プロジェクトのゴールが達成されたことを確認するとともに、残っている課題はないか、課題があればどのような対応や検討が必要かを整理し、必要に応じて、発注者や別の事業者、担当者へと引継ぎを行う。システム開発であれば、リリースまでに解決しなかった課題を運用・保守に引継ぎ、運用・保守作業のなかで必要な検討・対応を行っていけるようにする。また、プロジェクト全体の評価を行うことも必要である。プロジェクト全体を振り返り、改善したい点などを整理し、（もしあれば）次のプロジェクトに活かせるようにする。また、組織の経営層に向けてプロジェクトの結果報告書を作成し、報告を上げることもある。

**参考文献**

近藤誠司（2019）『運用設計の教科書——現場で困らない IT サービスマネジメントの
　実践ノウハウ』技術評論社。

最上千佳子（2019）『ITIL はじめの一歩——スッキリわかる ITIL の基本と業務改善の
　しくみ』翔泳社。

G・マイケル・キャンベル（2015）『世界一わかりやすいプロジェクトマネジメント』
　第 4 版　総合法令出版。

Project Management Institute（2017）『プロジェクトマネジメント知識体系ガイド——
　PMBOK ガイド』第 6 版　Project Management Institute.

━■□コラム□■━

## アジャイル開発とウォーターフォール

　本章で解説したシステム開発の進め方は、**ウォーターフォール**型と呼ばれる開発スタイルである。流れる滝のように上から下に一方通行にシステム開発が進展していくイメージである（そのため、要件定義や設計といった工程は「上流工程」と呼ばれる）。この開発スタイルをとった場合、下から上に戻ることは困難である。たとえば実際に開発を行い、テストを行った段階で設計に漏れがあったとしても、設計まで立ち戻って開発をやり直すことは費用やスケジュール、他の機能への影響等の点から困難であり、できる対応には限界がある。そのため最近では設計→開発と一方通行で進むのではなく、短い期間で設計から開発とテスト、テスト結果に基づく修正のサイクルを繰り返しながら、システムの完成度を高めていく開発スタイルをとることがある。こうした開発スタイルを**アジャイル**開発と呼ぶ。まず動くシステムを（部分的にでも）作成し実際に動くシステムで確認やテストを行うことで、システムに求める要件の過不足を確認しやすくなり、手戻りが発生してしまうリスクの低減やシステム開発終了後の満足度を高めることが期待できる手法である。ただし、アジャイル開発の場合には全体の把握や進捗管理が難しくなるといった指摘もある。アジャイル開発にもいくつかの手法があり、代表的なのはスプリントと呼ばれる開発サイクルを繰り返すスクラム開発という手法である。こうした手法は図書館のシステム開発の現場でも使われることがある。それぞれにメリットとデメリットがあるため、どのような開発スタイルをとるにせよ、その特徴をよく理解しておくことが必要である。

（川瀬直人）

## ① 高度化する情報技術

　図書館における情報機器の役割と実際については第2章でみた。そこでは道具として機能する情報機器がテーマであった。本章では、自動化書庫に代表されるロボット化の現状、IC タグ、さらに進んで IoT（Internet of Things）連携、ソーシャルロボット、AI（Artificial Intelligence：人工知能）技術の応用などについて述べる。近年、欧米を中心に図書館内に3D プリンター、レーザーカッターなどのデジタル機器が置かれたファブスペース（モノづくり空間）を設置する図書館も散見されるが、それらの機器については割愛する。IC タグや自動化書庫は、図書館界で導入がはじまってすでに20年以上が経過するが、導入していない図書館も多いことから、最新の情報技術として扱うこととする。

　2000年代に入ってから図書館の現場でも徐々に導入が進む IC タグであるが、従来の光で読み取られる OCR やバーコードとは異なり、電波で情報のやり取りをするという特性上の違いや、電波のため配慮しなければならない点などがある。

　技術は日進月歩であるが、どのようにロボット化や電子化が進んでも図書館サービスの要諦は人である。それを念頭にデジタル化の進むレファレンス・サービスについても捉えたい。インターネットの発展は、利用者の情報行動のパタンを変化させた。自宅にいながらにして情報を検索し、入手することが一般的になっている。そうした時代にあって、図書館はこれからどこへ向かおうとしているのかといった問題を考える。図書館は物理的な建物（空間）という「場所」であると同時に、人と人とのコミュニケーションを創発する「場」と

しての機能ももつ。コミュニケーションを促す場所／場の一例といえる。

## ② IC タグ（RFID：Radio Frequency Identification）

　電磁波を利用した認証技術のことを総称して RFID（Radio Frequency Identification）と呼ぶ。モノやヒトを識別する ID データなどが記録された IC チップ（集積回路）と、記録されたデータを他の機械とやり取りするための無線通信用アンテナが小さなタグにまとめて格納されていることから[1]、IC タグの名称で呼ばれることが多い。ここでは IC タグの用語に統一する。

　IC タグは何度も書き換えが可能な IC チップを内蔵していることが多い。IC タグは内蔵するチップに書き込まれた情報をリーダー・ライターと呼ばれる装置で読み込むことで識別する。特定のモノやヒトを識別する技術としてはバーコードや QR コード（2 次元コード）などがすでに一般化して久しい。IC タグが従来のバーコードと異なるのは、バーコードが光学的にデータを識別するのに対して IC タグは電波で識別するところにある。電波を使うという特性からモノに直接接触せずに識別を行うことができ、複数のモノを同時識別することができる。バーコードの場合、一つずつリーダーで読ませなければならないが、IC タグはリーダー・ライターをかざすだけで識別が可能である。また IC タグには多くのデータを書き込むことができることからタグ本体に来歴データをもたせることができる。

　1990 年代後半に登場した IC タグであるが、最近では身近な例として IC カード型電子マネーや公共交通機関の IC 乗車券、高速道路に導入されている ETC システムなど日常生活のあらゆる場で実用化されている。流通や物品管理の現場をはじめとして徐々に導入が進み、利用範囲の拡大が期待できる。ここでは IC タグの図書館への導入とその利点、現段階で念頭におくべき点について触れる。

---

1）タグとは荷札や付け札のことである。

| 機器の種類 | 機　　能 | 利用者へのメリット | 図書館へのメリット |
|---|---|---|---|
| セキュリティゲート | 不正持ち出しを検知 | 資料の紛失の削減 | 資料の紛失の削減 |
| 自動貸出機 | 複数の本を一括で認識し、利用者がセルフで貸出 | 貸出時間の短縮<br>プライバシーの保護 | 貸出業務の省力化 |
| カウンター用リーダー・ライター | 複数の本を一括で認識し、一括で貸出処理できる | 貸出時間の短縮 | 貸出業務の省力化 |
| RFID ハンディターミナル | 複数の本を一括で認識し、蔵書点検処理ができる | 利用時間の延長 | 蔵書点検作業の省力化 |

図15.1　IC タグと図書館情報機器（ソフエル社説明パネル）

## 2.1　図書館情報機器への IC タグの応用

　図書館は大量の資料を所蔵しそれを管理していることから、IC タグ導入による日常業務の効率化が大いに期待できる（図15.1）。IC タグの導入は図書館業務のどのようなところでメリットが期待できるだろうか。

　IC タグの特性を活かした図書館情報機器への応用としては、主に以下の点があげられる。（1）貸出・返却処理の効率化、（2）蔵書点検の効率化、（3）貸出手続き確認装置との連動による無断持ち出しの防止、（4）書架アンテナ設置による利便性の向上などである。まずそれぞれを順にみていきたい。

### (1) 貸出・返却処理の効率化

　カウンタでの貸出・返却処理業務については複数の資料を同時識別できるといった IC タグの特性を大いに生かすことができる。処理の流れとしては、資料をリーダー・ライターの上に置いて画面表示された資料タイトルと冊数を確認する。確認ボタンを押すことで貸出処理は完了する。複数資料の貸出を一度

**図15.2**　読書通帳機（IC タグ対応　貸出状況が通帳に記載される）　稲城市立中央図書館　（出所）筆者撮影

の処理で済ますことができる。

　バーコード・ラベルを一つずつリーダーで読み込み、資料に添付されたタトルテープの磁気を消すのに比べて作業効率は飛躍的に向上する。こうした仕組みは自動貸出機（図15.2）にも応用されている。バーコード対応の自動貸出機はバーコード読み取り位置がずれるとエラーを起すことがあるが、IC タグ対応の自動貸出機ではそうしたエラーは起こりにくい。最近は IC タグとバーコードの両方に対応した自動貸出機も徐々に導入されている。バーコードのみに対応している自動貸出機とは異なり、IC タグ対応の自動貸出機では、本を複数冊重ねて一度で読み取ることができる。

　今後さらに使い勝手のよい画面表示や多言語対応などが自動貸出機には求められているといえよう。

(2) 蔵書点検の効率化

　IC タグの付いた資料の蔵書点検（いわゆる棚卸）では、資料を書架に置いたまま作業を進めることができる。IC タグは電波による識別を行うことから、バーコードのように書架から 1 冊ずつ取り出してリーダーで読ませる必要はない。資料に接触せずに点検を進めることができる。バーコードによる資料管理

体系では資料本体に貼付されたバーコードを識別キーとして図書館業務システ
ム側から書誌データを得る。それに対し、ICタグはタグ自体に多くの情報を
書き込むことができることから、図書館業務システムにリンクしていないオフ
ライン端末からICタグに書き込まれた資料のデータを読み取ることができる。
ICタグからダイレクトに資料の受入年月日や貸出日時、禁帯出区分などの履
歴情報を読み取ることで、蔵書点検の際、除架作業を進めるうえで大きな威力
を発揮することが期待される。ただし電波による識別の特性上、一度に大量の
読み取り作業となる蔵書点検では、書架の裏側にある資料を誤って読み込んで
しまうなど一部で動作不良の報告もなされている。作業にあたるスタッフのき
め細かな操作が求められている点を忘れてはならない。

(3) 貸出手続き確認装置との連動による無断持ち出しの防止

　ICタグに対応した貸出手続き確認装置（BDS: Book Detection System）を導入
することで、資料紛失を防止することができる。貸出手続き確認装置について
は第2章でも触れたが、いま図書館の現場ではタトルテープ感知マーカーによ
る磁気信号対応型が多い。所蔵資料のすべてにICタグが貼付されれば、ICタ
グ対応の貸出手続き確認装置に一本化したゲート管理もできよう。しかし、
ICタグ単価がタトルテープ単価に比して高いといった予算上の理由もあり、
ICタグは貸出処理にとどめて貸出手続き確認装置による退館ゲート管理は従
来のタトルテープ対応を採用するといった両方のスタイルを併用するケースも
ある。すでにバーコードやタトルテープで蔵書管理を構築している大学図書館
などではICタグを導入するにしても、当面は従来の管理体制を活かしつつこ
の問題を考えていく必要がある。従来のタトルテープで無断持ち出しを防止し
て、図書館業務システムと連動した貸出返却処理にICタグを使うといった、
両者の特性を活かした管理体制である。

(4) 書架アンテナ設置による利便性の向上

　書架アンテナとはICタグ読み取り用アンテナと資料の置かれた位置を示す

**図15.3**　IC タグ対応の予約取置き書架　稲城市立中央図書館
（出所）筆者撮影

**図15.4**　IC タグ対応の受取ロッカー　稲城市立中央図書館
（出所）筆者撮影

LED（発光ダイオード）が埋め込まれた書架のことをいう。棚アンテナや e 棚、
スマートシェルフなどの名称で親しまれている。IC タグが貼られた資料を書
架アンテナが自動識別して排架場所を特定する。LED が発光して資料の排架
場所を示してくれることから、請求記号に不慣れな利用者の利便性を高めるこ

とができる。書架アンテナを図書館業務システムの予約機能と連動させることで、利用者は予約した資料を予約取置きの専用書架から直接受け取り（図15.3）、貸出処理を済ませることができる。

　さらに館内での受け取りだけでなく、第2章でも触れたように予約ロッカー（図15.4）を設置すれば利用者は館外からでも資料を受け取ることができる。ちょうど宅配の荷物が受け取れないときに宅配ロッカーに荷物が預けられるのと同様である。予約ロッカーに入れられた資料は受け取りと同時にICタグが自動で貸出処理を完了するために、利用者は図書館の開館時間に限定されずにいつでも予約資料を受け取ることができる。

　これまでみてきたようにICタグは、利用者だけでなく図書館管理者の側からも高い利便性が期待できる最新技術である。公共図書館を中心として図書館の新館を立てる際、ICタグ導入に踏み切るところが増えている。図書館業務システムとの連動によりICタグの特性を活かした応用範囲が拡がる一方で、インターネットと同様に図書館の土台となる技術であることから導入には徹底した業務分析と利用目的の明確化が求められる。

　次にICタグ導入にあたり注意すべき点について簡単に触れたい。

## 2.2　ICタグの導入にあたる当面の課題

(1) 既存システムとの協調

　ICタグを図書館情報機器へ応用するにあたり、既存システムとの協調をどのように考えるかは重要である。部分的な導入にしても当面は既存システムとの共存を考える必要がある。すでに述べた通り、早い段階でタトルテープとバーコードによる管理体制を構築してきた大学図書館などでは近々の課題である。

(2) コスト面での課題

　ICタグは電波の周波数帯によっても1枚あたりのコストが異なるが、一般的にはタトルテープに比べて高額である。発注数によっても違いがあり、最近

では1,000枚で3万円程度になっている。広く普及するためにはさらなるコストダウンが望まれる。

## ⑶ セキュリティ面での課題

　直接接触せずに識別を行えるメリットがあるが、IC タグに書き込まれた個人情報が知らないうちに第三者に読み取られる可能性がある。利用者のプライバシー保護の観点からセキュリティ面をどう強化するかといった課題である。

## ⑷ 標準化の課題

　現在 IC タグについては複数の通信プロトコルがあり、IC チップへのデータ書き込み形式もまた複数存在している。図書館情報機器のインフラ技術としてIC タグが定着するためには、利用者にとってのメリットとなる、通信プロトコルやデータ書き込み形式の統一化が必要である。繰り返しになるが IC タグは基盤となる技術であり単独で運用されるものではない。図書館における他の情報機器とのつながりのなかで IC タグの位置づけ、図書館が何を目的に導入するのかということを総合的に捉えていく必要がある。

## ③　自動化書庫

　図書館は大量の資料を所蔵しているが、それをいかに利用者が求める情報として迅速かつ的確に提供できるかが重要である。そのためには図書館という限られたスペースのなかで効率的な出納システムの構築が求められる。近年、徐々に図書館への導入が進む自動化書庫（図15.5）はそうした効率的な出納システムを実現させる代表的なロボット系技術である。自動化書庫（ASRS: Automated Storage and Retrieval Systems）とは一言でいえば自動出納の完全閉架書庫のことである。自動制御の高速スタッカークレーンやコンテナにより、従来の書架管理では考えられない高密度保管及び高速出納が実現する。自動化書庫の図書館への導入は1991年にアメリカのカリフォルニア大学ノースリッジ校図書

**図15.5　自動化書庫の全体図**
（出所）日本ファイリング（株）

館がはじめてのケースである。日本国内の図書館では2000年に国際基督教大学図書館が導入したのを皮切りに2021年時点の統計では大学図書館のほか、100施設ほどが設置している。導入数のうえでは、世界の3分の2を占めている。図書館建築とも密接に関係する大規模かつ高額な設備がここ20年ほどでこれだけ普及したのには、日本がお家芸として得意とするロボット系技術と図書館界との相互協調がうまくいったことが背景にあるといえる。自動化書庫はハードウェアとして単体で存在するものではなく、通常は図書館業務システムと自動化書庫がネットワークを通じてデータのやりとりをしている。

## 3.1　自動化書庫の仕組みと特徴

完全閉架書庫である自動化書庫は資料の取り出し及び返却が従来の閉架書庫とは大きく異なる。これまで閉架書庫といえば利用者の求めに応じて図書館員が書庫へ行って資料を書架から取り出し、カウンタで直接手渡す作業が発生していた。利用者のカウンタでの待ち時間が長いのに加えて図書館員にとっても負担が大きい。またそのことが利用者による閉架書庫利用への見えない障壁となっていることも考えられる。

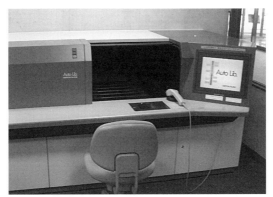

**図15.6**　自動化書庫・出納ステーションと管理画面　国際
基督教大学図書館
（出所）筆者撮影

　対して自動化書庫では、利用者の出庫要求に応じて、サイズ別にコンテナに
収納された資料が自動的に出納ステーションへ搬送される（図15.6）。通常は出
納ステーションにいる図書館員が搬送された資料のバーコードを読み取り、所
定の棚に置くこととなる。自動化書庫の規模にもよるが、出庫要求が出されて
から，3分程度で利用者は資料を手にすることができる。開架であっても求め
る資料を探すのにどうしても時間がかかってしまう利用者にしてみれば、自動
化書庫は完全閉架ではあっても、従来の閉架の枠組みを超えた利用が可能とな
るため、受け入れられやすいのではないだろうか。自動化書庫のコンテナに入
庫される資料にはバーコードが付されており、資料とコンテナとの結び付きは
すべてシステムが管理している。

　自動化書庫の大きな特徴は、分類記号順に排架位置が固定されている書架と
は異なり、ある時点でどのコンテナにどの資料が収められているかといった
データのすべてをシステムが管理しているところにある。一部の例外を除きコ
ンテナにはさまざまな資料がランダムに入れられる。出庫要求のあった資料が
出納ステーションに搬送されてバーコードが読み込まれると、そのコンテナと
搬送された資料との結び付きは途切れることになる。その資料が再度、自動化
書庫へ入庫されるときは通常、前回とは別のコンテナに入庫される。そして、

その別のコンテナに当該資料が収納されているのをシステムが記録する。このように流動的に資料が収納されるコンテナが変わることをフリーロケーションと呼んでいる。

通常、自動化書庫システムは図書館業務システムと連動しており、利用者はOPAC上から直接、出庫要求することができる。利用者からの出庫要求を直接OPACから出せるようにするか、プリントアウトしてもらった出庫申込票などで申請してもらうかは図書館側の運用によるが、利用者にしてみれば書架上での資料閲覧と同様、OPAC上での閲覧・出庫要求を通してそれほど時間がかからず簡単に資料を手にすることができるのである。

### 3.2 自動化書庫の課題と展望

(1) フリーロケーションと固定ロケーション

自動化書庫のコンテナにはさまざまな資料がランダムに入庫されているが、雑誌などの逐次刊行物や特定のシリーズものを前後まとめて出庫する際、コンテナがいくつも搬送されてしまい取り出し作業が煩雑となる。そうした煩雑さを避けるために自動化書庫では特定の資料群とコンテナとの結び付きを固定化させてしまうことができる。これをフリーロケーションに対して固定ロケーションと呼んでいる。図書館側の運用にもかかわるが、フリーにするか固定にするかといった資料入庫方針を明確にしておく必要がある。

(2) ブラックボックス化

メンテナンス時などを除いて通常は自動化書庫内に人が入ることはない。自動化書庫内は一定の温度や湿度が保たれており保存環境としては優れているといえるものの、書庫内は一つのブラックボックスである。そのため一度入庫した資料を効率よく蔵書点検するにはどうしたらよいか今後の取り組みが待たれる。

国内外の大規模図書館を中心に普及しつつある自動化書庫であるが、前節で触れたICタグ技術との連動も含めて図書館間で運用ノウハウをどのように蓄

積し情報共有していくかといった今後の仕組み作りを考えていく必要がある。

## ④　図書館における防疫機器——ポストコロナ時代の図書館①

　2019年末より新型コロナウイルス感染症（COVID-19）が大流行している。人々は防疫のために生活変容を強いられ、図書館をはじめとする諸機関では一定期間の閉館を余儀なくされた。

　パンデミックを契機に来館が難しくなった利用者に対して、図書館がどのようなサービスを提供できるのか、また、再開後の図書館がどのような点に注意しながら利用者に接しているのか。まずはポストコロナ時代の図書館を防疫機器の観点から捉えたい。

### (1) 高精度 AI 自動検温モニタ

　スタンドアロン型と据付型とに大別される。スタンドアロン型の場合は可搬式である。図書館入館ゲート手前に置くことで利用者は、顔をかざすだけで非接触に検温することができる（図15.7）。AI を使った顔認識システムが組み込まれており、マスク非装着の場合、自動音声によりアラートが出される。同様に微熱以上の体温が検出されるとアラートが出される。一般に測定速度は、1秒以内で高精度に検温できる。自動除菌ディスペンサを備えているものもある。

　据付型は、検温センサを入館ゲート付近の天井部や壁などに設置し、遠隔でモニタリングすることができる。スタンドアロン型と異なり、利用者は、検温センサを意識することなく検温できるメリットがある。スタンドアロン型の場合、利用者は一度立ち止まって検温するが、据付型は、一度に複数人を検温することができる。その特性から、一度に多数の入場者がいるような大規模催事会場での入口などで採用されるケースが多い。自動検温モニタは、設置場所の明るさに影響を受ける（推奨 250〜800lux）ことから、入館ゲート付近の明度を一定に保つ必要がある。また、実際の体温と誤差が生じるケースもあることから、アラートが出た際には、不要なトラブルにならないよう、スタッフが手持

図15.7　高精度 AI 自動検温モニタ：スタンドアロン型
　　　　国際基督教大学図書館
（出所）筆者撮影

図15.8　除菌ボックス　稲城市立中央図書館
（出所）筆者撮影

ちの検温器で再検温するなどの配慮は必要である。


(2) 除菌ボックス（図15.8）

　一度、書架から取り出された資料を、除菌することができるボックスのこと
をいう。除菌ボックスに入れ扉を閉じて一定時間、紫外線が当たることで除菌
する仕組みである。

**図15.9　アクリル板設置のカウンタ　国際基督教大学図書館**
（出所）筆者撮影

　COVID-19が収束した後、すなわちポストコロナ時代の図書館を捉えるにあたり自動検温モニタなど防疫機器のさらなる発展が見込まれる。AI による顔認識による自動検温モニタなどは、高精度な認証システムとしても機能することから、個人のプライバシー保護の観点から、個人情報の取り扱いについて図書館はこれまで以上に細心の注意を払わねばならない。

　防疫機器の開発が進む一方で、図書館員と利用者が接するカウンタにアクリル板を設置すること（図15.9）や、館内随所にアルコール消毒液を置くといった基本事項を徹底すべきである。利用者同士が館内で密にならないよう配慮する（この点については、第 2 章で触れた入退館機による館内滞在人数の把握機能が有効）など、スタッフは感染症対策を常に講じておく必要がある。

## 5　オンライン・レファレンス——ポストコロナ時代の図書館②

　これまで IC タグやロボット系技術を代表する自動化書庫をみてきたが、インターネットの普及によるメディア環境の変化や資料の電子化の動きともあいまって利用者からの要望は多種多様なものとなっている。図書館の現場ではそのような利用者からの要望に対して、インターネット環境を前提としたサービ

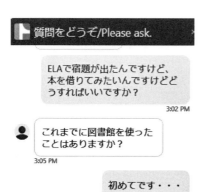

図15.10 国際基督教大学図書館・レファレンス

スをどのように展開するかが求められている。利用者からしてみれば、サーチエンジンに代表される検索ツールにより図書館に出向かずにインターネット上のさまざまな情報を得ることができてしまう。その一方でネット上に存在する情報の信頼性は玉石混交であり、利用者をナビゲーションする仕組みが必要である。

　図書館のレファレンス・サービスはそのナビゲーションの役割を従来担ってきたが、近年さらにその重要性が増している。広い意味での電子図書館に含まれるオンライン・レファレンスは電子や紙といった媒体を問わずに、信頼に足る情報をいかに効果的に利用者へ提供するかといったサービスである。アメリカでは1990年代後半頃から発展を遂げ、今日、日本でも広く知られるサービスとなった。オンライン・レファレンス、デジタル・レファレンスの名称とともにバーチャル・レファレンスやeレファレンス、メールレファレンスなどとも呼ばれることがあり、機能面における強調点からそれぞれの呼称に分かれる傾向がある。

　こうした背景のもと、COVID-19のパンデミックに直面したレファレンス・サービスは、すでに世に浸透している既存のコンピュータ・システムを利用することで、対面サービスとは異なる展開を遂げるようになった。公共図書館や大学図書館を中心につくられたYouTube動画による利用ガイダンスや広報などのサービスがその代表例である。また大学図書館の一部では、SlackやZoomなどを利用した同期型レファレンスが展開されている。利用教育のための講習会をライブ配信するサービスや、録画された動画を非同期で視聴するこ

とのできるオンデマンド型サービスも広まりつつある。いずれも、図書館に来館せずともオンラインでレファレンス・サービスを展開できるという点で、ポストコロナ時代のレファレンス・サービスの一翼を担うことになった。導入が進むオンライン・レファレンス（図15.10）であるが、レファレンス・サービスを提供するのが図書館員であることに変わりはない。図書館員のレファレンス能力向上のために、必要とされる主題知識への精通を含めて新技術に対する日々の研鑽が求められているといえよう。

## 6　ソーシャルロボット、AI の応用

　ポストコロナ時代を迎えることになる図書館において、前節では、Slack やZoom などのオンライン・レファレンスツールの可能性について触れた。オンライン・レファレンスは、図書館員の資料・主題に関する知識があって成り立つサービスである。一方で、第三次 AI ブームといわれる昨今、社会のあらゆる分野で AI が応用されるようになり、一部の図書館においても AI の導入が進められている。さらに人間とのコミュニケーションを主眼に置いたロボットであるソーシャルロボット、そして、それらソーシャルロボットと AI 技術を融合させた AI・ロボットを手掛かりにして、本章のテーマである図書館におけるロボット化の現状とこれからについて展望したい。

　ロボットという語の初出は、チェコスロバキアの作家カレル・チャペック（Karel Čapek）が1920年に発表した戯曲 "R.U.R.（ロッサム万能ロボット会社）"[2] とされる。100年以上の歴史をもつ言葉であるが、その厳密な定義は難しい。ここでは、機能面と形状面で広く社会に認知されている定義の「人間に類似した形態をもち、自動的に動作や作業を行う機械装置。人造人間。自動人形、目的の作業・操作を自動的に行う機械や装置。自動機械」[3] として捉えること

---

2) 強制労働を意味するチェコ語 robota（ロボタ）からの命名。
3) オンラインデータベース「ジャパンナレッジ Lib」の『日本国語大辞典』第 2 版の「ロボット」の項目より引用。

| | 人工知能の置かれた状況 | 主な技術等 | 人工知能に関する出来事 |
|---|---|---|---|
| 1950年度 | | | チューリングテストの提唱（1950年） |
| | 第一次人工知能ブーム | ・探索、推論 | ダートマス会議にて「人工知能」という言葉が登場（1956年） |
| 1960年代 | | ・自然言語処理 | ニューラルネットワークのパーセプトロン開発（1958年） |
| | （探索と推論） | ・ニューラルネットワーク | 人工対話システム ELIZA 開発（1964年） |
| | | ・遺伝的アルゴリズム | |
| 1970年代 | 冬の時代 | ・エキスパートシステム | 初のエキスパートシステム MYCIN 開発（1972年） |
| | | ・機械学習 | MYCIN の知能表現と推論を一般化した EMYCIN 開発（1979年） |
| 1980年代 | 第二次人工知能ブーム | | |
| | | ・知識ベース | 第五世代コンピュータプロジェクト（1982年〜1992年） |
| | | ・音声認識 | 知識記述のサイクプロジェクト開発（1984年） |
| | | | 誤差逆伝播法の発表（1986年） |
| 1990年代 | （知能表現） | ・データマイニング<br>・オントロジー | |
| | 冬の時代 | ・統計的自然言語処理 | |
| 2000年代 | | | |
| | | ・ディープラーニング | ディープラーニング技術の提唱（2006年） |
| 2010年代 | | | ディープラーニング技術が画像認識コンテストで優勝（2012年） |
| | 第三次人工知能ブーム<br>（機械学習） | | |

**図15.11　AI の開発史**

（出所）総務省「ICT の深化が雇用と働き方に及ぼす影響に関する調査研究」（2016）にもとづき筆者作成

にする。

　人型のロボットは、国内外のいくつかの図書館で導入されている。その代表例として、周囲の状況を把握して自動的に判断し行動する人型ロボット Pepper があげられる。Pepper は、2014年から量産され AI も搭載しており、商業

施設店舗や一般家庭向けに販売されている。日本国内では、一部の公立図書館を中心に導入が進んでおり、館内の案内サービスなどに用いられるケースが多い。AI が搭載されていることから、利用者とのやりとりが一部、可能である。図書館員に直接声をかけにくい利用者であっても、Pepper に対しては気軽に話しかけられるということもあり、利用促進に一定の効果をもたらしていると考えられる。その一方で、レファレンス・サービスのようなあらゆる分野を対象とする汎用型 AI（人工知能）の実現はまだ先であるとする報告もある[4]。

　AI については、学習・推論・判断といった人間の知能のもつ機能を備えたコンピューターシステムとする定義が一般的である。AI（人工知能）の開発史を図15.11で概観する。AI の開発史からみてとれるように、第三次 AI ブームが起きたのは2010年代からビッグデータと呼ばれるような大量のデータが扱えるようになり、AI がそのデータの特徴を抽出するディープラーニングが実用化されたことによる。こうした AI とロボット技術を融合させたケースが前述した AI・ロボット Pepper であった。では、こうした AI が図書館という場（サイバー空間、フィジカル空間の両方）においてどのように活用され、応用の可能性があるのか、「場」としての図書館という観点から捉えてみることにする。

## ⑦　ラーニング・コモンズ、「場」としての図書館、IoT

　コミュニケーションの「場」としての図書館について近年、日本でも注目されているのがインフォメーション・コモンズもしくはラーニング・コモンズの名称で呼ばれる図書館の機能である。コモンズとは元来、「共有資源」「公共の場」を意味しており、情報技術を駆使してインターネット情報を含めたあらゆる情報資源へのアクセスを実現させる「場」としての図書館環境のことをインフォメーション・コモンズやラーニング・コモンズと呼ぶようになった。Web 上の情報が増加したことによる利用者の図書館離れが危惧されていた

---

4）丸山高弘（2018）「図書館におけるヒト型ロボットの導入：未来を感じる図書館づくりを目指して」『図書館雑誌』112（7）pp.456-457。

**図15.12** Society5.0で実現する社会
（出所）内閣府

1990年代後半のアメリカでは、大学図書館を中心に「場」としての図書館に関心が集まった。従来の図書や雑誌などの情報資源をはじめ、デジタル情報を含むあらゆる情報資源へのアクセスを可能とする「場」がインフォメーション・コモンズ／ラーニング・コモンズである。情報機器をはじめとする施設基盤に焦点を当てた場合、前者の呼称が用いられ、調査、研究活動など学習機能に焦点を当てた場合に後者の呼称が用いられる傾向がある。日本では大学図書館を中心にラーニング・コモンズの呼称が定着しつつある。多くのパソコンが設置され膨大な情報へのアクセスを可能とするラーニング・コモンズはコミュニケーションの「場」であると同時に「知」を共有し、創造する場でもある。こうした機能は古くから図書館が担ってきたことに他ならないが、情報技術を駆使したデジタル・コミュニケーションもあわせて展開されるところに図書館のラーニング・コモンズとしての新たな機能が期待されている。

　「共有資源」「公共の場」であるコモンズは、IoT[5]やAIの進展によりサイバー空間とフィジカル空間の融合の場として新たな発展を遂げつつある。その背景として、2016年に内閣府が定めた「第5期科学技術基本計画」[6]による「Society5.0」という概念があげられる（図15.12）。内閣府は、Soceity5.0につ

5）IoTは、「モノのインターネット」のことで、モノにセンサーや端末などが埋め込まれ、通信ネットワークによってサーバなどと接続しデータをやりとりすることをいう。
6）内閣府「第5期科学技術基本計画」 https://www8.cao.go.jp/cstp/kihonkeikaku/index5.html（2021年9月20日アクセス）

いて「第5期科学技術基本計画」のなかで、次のように説明している。少々長くなるが以下引用する。

　　今後、ICT は更に発展していくことが見込まれており、従来は個別に機能していた「もの」がサイバー空間を利活用して「システム化」され、さらには、分野の異なる個別のシステム同士が連携協調することにより、自律化・自動化の範囲が広がり、社会の至るところで新たな価値が生み出されていく。これにより、生産・流通・販売、交通、健康・医療、金融、公共サービス等の幅広い産業構造の変革、人々の働き方やライフスタイルの変化、国民にとって豊かで質の高い生活の実現の原動力になることが想定される。特に、少子高齢化の影響が顕在化しつつある我が国において、個人が活き活きと暮らせる豊かな社会を実現するためには、システム化やその連携協調の取り組みを、ものづくり分野の産業だけでなく、さまざまな分野に広げ、経済成長や健康長寿社会の形成、さらには社会変革につなげていくことがきわめて重要である。また、このような取り組みは、ICT をはじめとする科学技術の成果の普及がこれまで十分でなかった分野や領域に対して、その浸透を促し、ビジネス力の強化やサービスの質の向上につながるものとして期待される。こうしたことから、ICT を最大限に活用し、サイバー空間とフィジカル空間（現実世界）とを融合させた取り組みにより、人々に豊かさをもたらす「超スマート社会」を未来社会の姿として共有し、その実現に向けた一連の取り組みをさらに深化させつつ「Society 5.0」として強力に推進し、世界に先駆けて超スマート社会を実現していく。

　ここでいわれる超スマート社会とは、「地域、年齢、性別、言語等による格差なく、多様なニーズ、潜在的なニーズにきめ細かに対応したモノやサービスを提供することで経済的発展と社会的課題の解決を両立し、人々が快適で活力に満ちた質の高い生活を送ることのできる、人間中心の社会」[7]を目指した社

**図15.13　ラーニング・コモンズ**
（出所）国際基督教大学・オスマー図書館

　会像である。図書館でいえばさまざまな背景をもつ人が垣根なく、膨大な知の
なかから求める情報へとナビゲートされ、コミュニケーションを通して新たな
知を創造し、それを発信していけるような環境と解することができる。ラーニ
ング・コモンズや公共図書館での情報発信や人との交流を支援する空間にも通
底した概念である。ここでSociety5.0を実践している図書館に注目してみるこ
とにする。

　Society5.0の理念を図書館におけるコモンズ空間に導入した事例として電気
通信大学附属図書館 Ambient Intelligence Agora の取り組みをあげることがで
きる（図15.13）。Ambient Intelligence Agora は、2017年4月に電気通信大学
附属図書館がAI研究との連動を図りつつ整備した学修スペースであり、コモ
ンズに研究上必要なデータ共有のためのプラットフォームを構築し、超スマー
ト社会を目で見、耳で聞き、体感できるモデル空間を整備することを目指して
いる。学修環境や利用者行動に関するデータをAIにより解析することで、快

---

7）内閣府 総合科学イノベーション会議「科学技術イノベーション総合戦略2017」https:
//www8.cao.go.jp/cstp/sogosenryaku/2017/honbun2017.pdf（2021年9月20日アクセス）

適な環境になるように空調、換気、照明等を最適化させ、館内が密になること
を防ぐ効果も期待されている。AI を用いることで事前に密集状態となる状況
を予測できれば混雑緩和のための手段を講じることができるようになる。すで
に導入されている対話型 AI・ロボットを駆使することで館内案内や、各種の
情報提供サービスに関連するデータが蓄積されていけば、将来的にはレファレ
ンス・サービスのようなさまざまな分野を対象とする学習支援も AI・ロボッ
トを使って行うことが考えられる。

　AI・ロボットや IoT により、今後、図書館は、利用者の多様な顕在・潜在
ニーズに対して、よりきめ細かなサービスの提供が可能となることが考えられ
る。その一方で、利用データにもとづき個々人に最適化されたサービスを提供
することが可能となるかもしれないなか、逆にそのような方向性が、コモンズ
本来の環境特性、つまりは利用者が新たな知を創造し、それを発信していくと
いう側面を弱めてしまわないかという視点も大切だろう。受け身的な利用者像
を描くのではなく、利用者が主体的、かつ批判的な見方で情報に接する重要性
は今後も変わらない。その意味で、情報リテラシーの育成は今後も欠かせない
課題といえるだろう。加えて、利用者の個人情報保護の観点から、図書館が管
理するデータには、これまで以上に注意が払われるべきである。コモンズにお
いてどのように AI・ロボットや IoT が高度化して普及しようとも、主体とな
るのは利用者であるということを絶えず念頭に置かなければならない。

　快適で活力に満ちた人間中心の社会を支えていく存在が「場としての図書
館」なのではないだろうか[8]。

---

8)「場としての図書館」は、「場所としての図書館」と表記する場合もある。

┌─ ■□コラム□■ ─────────────────────────────────

### 「ひとりではない」図書館

　「ひとりではない―"*Non Solus*"―」、この言葉は、17世紀以来、オランダの大手学術出版社のロゴにもなっていることで知られ、研究者と学術出版、図書館との協調を表現していると解釈されている。「ひとりではない」を現代というリアリティに当てはめて考えてみたい。2019年から世界は、100年に一度といわれる COVID-19 によるパンデミックを経験している。人々は防疫のために生活変容を強いられ、オンライン授業やオンライン会議がすっかり定着した。図書館でも各種ガイダンスのオンライン化が進み、e-Book, e-Journal などのいわゆる e-Resource の導入が一気に進んだ感がある。図書館をとりまく情報環境が大きく変化する一方で、利用者にしてみると「密」を断つことが求められてパソコン越しに「個」や「孤」にならざるを得ないスタイルへと変化を強いられることになった。一見すると「個」や「孤」であっても、実はサイバー空間では、皆が繋がっている。図書館コミュニティの深化した新たな境地、サイバー空間とリアルな空間とのシームレスな融合としての Society 5.0 の体現が予感される。ポストコロナを見据えた私たちの向かう先が「ひとりではない」の一言に集約されている。

（久保　誠）

└────────────────────────────────────────────

**参考文献**

加藤さゆり・山口英恵・上野耕平（2018）「AI を活用した次世代型図書館サービスの実現にむけた研究活動」『図書館雑誌』114（8）pp.416-418。

清水隆・竹内比呂也・山崎栄三郎・吉田直樹（2005）『図書館と IC タグ』日本図書館協会。

内閣府「Society5.0 で実現する社会」 https://www8.cao.go.jp/cstp/society5_0/（2021年 5 月20日アクセス）

永田治樹（2009）「インフォメーションコモンズ・ラーニングコモンズ」『図書館雑誌』103（11）pp.746-749。

日立東大ラボ編著（2018）『Society（ソサエティ）5.0——人間中心の超スマート社会』日本経済新聞社。

村田輝・上野耕平（2020）「大学図書館と Society5.0 電気通信大学附属図書館 Ambient Intelligence Agora の未来像」『専門図書館』（300）pp.1-6。

# 索　引

## 欧　文

A／Bテスト　104
AI　142,204,215,217,219-222,224-225
API　141,166,167
ARPANET　50
ASCII　48,64
BDS（Book Detection System）→貸出手続き
　確認装置
bit→ビット
byte→バイト
C++　132
CiNii　9,10
CIO（Chief Information Officer）　175,176,187
CMS　115-117
CPU　37-42,46
CSS　111-115,126,154
CUD→カラーユニバーサルデザイン
C言語　132
DAISY　155,156
DBMS（Database management system）　75,
　76,78,80,81,87,88
Dialog　12
DNS　55
DOI　151,152,166
DPLA（Digital Public Library of America）
　161
DRM　146,147,150,151,155,156
DX→デジタルトランスフォーメーション
e-book→電子書籍
e-journal→電子ジャーナル
e-Resource　25-27,226
EPUB　154,156
ER図　79,84-86
EU一般データ保護規則　172
Europeana　161,162
F値　72
Google　21,45,47,52,53,93,94,96,97,101,
　102,104,110,119,137
　——Books　97,162
GPU　37,42
GUI　47
HTML　102,109-115,125-127
HTTPS　60,61
IaaS（Infrastructure as a Service）　192
ICタグ　19,22,24,25,29,31,32,204-211,214,
　217
IIIF　166
Index Medicus　12,13
IoT　204,222,225
IP　56
　——アドレス　52-58,99
　——v4　53
　——v6　53
IT
　——ガバナンス　174-178,186,187
　——基本法→高度情報通信ネットワーク社会
　　形成基本法
　——マネジメント　174,175,185,187,188
ITIL　195,196
Java　132
　——Script　100,132-136,139
JDream Ⅲ　13
JIS Q 27000:2019（ISO/IEC 27000）　183
JIS X 8341-3　124
JUNET　17,50
LAN　38,51,52
MARC（MAchine Readable Catalog）→機械
　可読目録
MEDLARS　12,13
MEDLINE　13,14
MLA連携　160,161
MyLibrary機能　26
NACSIS-CAT　9-11,23
n-gram　69
NISC→内閣サイバーセキュリティセンター

NLM →アメリカ国立医学図書館
NoSQL　91,92
OAI-PMH　167
OAIS 参照モデル　148,149
OCR ソフト　164,166
OPAC　9,11,14,15,20,23,24,25,27,63,66,
70,74,97,107,108,120,214
Open URL　24
OS　42,43,45-47,132,154,156
PDCA サイクル　183
PDF　153,154
PHP　132
PMBOK　198
Python　66,132,142
RAM　40
RDB →リレーショナルデータベース
RFID　205,206
RFP（Request for Proposal）　191
SaaS（Software as a Service）　192
Scratch　132
SEO →検索エンジン最適化
Society5.0　222,224
SQL　79,88-90
TCP/IP　50,56-58
TF-IDF　69
TLS（Transport Layer Security）　60
TTS（text to speach）　155,156
UI →ユーザインターフェイス
URI　166
URL　54,59,60,99-101,103
UX →ユーザエクスペリエンス
VBA　132
VPN 接続　108
WAN　51
WBS（Work Breakdown Structure）　200,201
Web（World Wide Web）　49-52,59-61
──API　131,137-139
── OPAC　23,108,131,137
──アクセシビリティ　124-126,128
── オーサリングツール　114
──クライアント　60,113
──サーバ　51,57-60,95,100,112,113,115,
118,166

── サイトビルダー　114,115
──ブラウザ　18,19,52,59,60,104,110,
114,115,119,132,133,142
──ユーザビリティ　119
Yahoo！　95,96

あ　行

青空文庫　164
アクセシビリティ　111,119,124-129,145,155,
156
アジャイル　203
アプリケーション　42,43,45,47,55-59,84,
131,137,192
アメリカ国立医学図書館　12
アルゴリズム　62,63,96,98,102,103,133,137,
138
暗号化　60
インシデント　183,186,195
──管理　195
引数　139
インタプリタ型　132
インデキシング　95,101
インデックス→索引
インフォメーション・コモンズ→ラーニング・
コモンズ
ウォーターフォール　194,203
受入テスト　194
運用・保守　175,186,192-196,202
演算子　70-71,88
オープン化　160,171
オープンソース　18,44,66,76,115-117
──ソフトウェア　18,43-45
オープンデータ　171,179,182
オブジェクト指向　136
オンライン・レファレンス　218,219
オンライン蔵書目録→ OPAC

か　行

カーディナリティ　85,86
開始タグ　110
外部キー　77,79,89,90
学術認証フェデレーション　109
貸出手続き確認装置　28-30,206,208

下層ページ　121,122
課題管理　201,202
カラーユニバーサルデザイン　127
関数従属　82-84
ガントチャート　200,201
機械可読目録　5,7
機関リポジトリ　14,108,151,163,167
機能要件　190
揮発性　40-42
基本設計　193
競争入札　191
業務フロー　190,195
クライアント・サーバモデル　19,21
クラウド　19-21,34,115,179,182,192,197
　　――・コンピューティング　19,21,182
クリエイティブコモンズ　171
繰り返し処理　133,140,141
クリティカルパス　201
クローラ　99-101
クローリング　95,99,100
クロックタイム　39
形態素解析　66,67,69,70
検索エンジン　65,78,93-99,102-105
　　――最適化（SEO）　98
　　ディレクトリ型――　94,96
　　ロボット型――　94,95
件名　23,70
権利制限規定　146,168,169
高度情報通信ネットワーク社会形成基本法
　178
国立国会図書館　2,23,59,108,146,147,152,
　169-171
　　――インターネット資料収集保存事業　158
　　――デジタルコレクション　152,158
　　――東日本大震災アーカイブ　161
国立情報学研究所（NII）　9,116
個人情報　22,60,151,172,177,184,211,217
　　――保護法　172
コミット　87,90
コンパイラ型　132
コンピュータ　1-3,5,7,8,10-16,36-46,48-60,
　62,65,112,113,130-133,136,137,144,145,
　148,158

さ　行

再現率　71,72
サイトマップ　101
サイバーセキュリティ戦略本部　178
索引　12,13,65,66,95,98,101
サピエ（視覚障害者情報総合ネットワーク）
　156
サムネイル　159,160,165,171
システム
　　――のライフサイクル　188,189
　　――ライブラリアン　194
自治体クラウド　182
自動貸出機　22,29-32,207
自動化書庫　32,204,211-214
自動検温モニタ　215-217
自動仕分け機　32
ジャパンサーチ　161,167
ジャパンリンクセンター　152
終了タグ　110
主キー　76-79,81,89,90
主記憶装置　37,38,40,41
順次処理　133,137,140
詳細設計　193,200
仕様書　191-193
肖像権　61,171
情報アーキテクチャ　123
情報資産　160,176,183-186
情報政策　174,175,177
情報セキュリティ　174,176,178,179,182-187
　　――ポリシー　185,186
書架アンテナ　206,208,209
書誌ユーティリティ　7-9,15
所有権　173
シングルサインオン　109
人工知能→AI
深層Web　100
推移関数従属　83,84
随意契約　191
スキャナ　33,34,38,164,167
スケジュール管理　199,201
ストップワード　66,67
正規化　80-86

静的ページ　113
静的ランキング　102,103
精度　71-73,76,131,164,215
設計　79,84,85,90,189,190,193,194
　　──書　193,194
線形探索　62-65
全文検索エンジン　78
ソーシャルタギング　70
ソーシャルロボット　204,219
ソフトウェア　18,36,37,40,42-45,47,48,50,
　　75,92,110,114,124,147,163,165-167,184,
　　185,192

た　行

ダークアーカイブ　149,170
代替テキスト　125,126
タイムスタンプ　150
タグ　70,101,102,109-111,114,125,126,136
ダブリンコア　148,159
探索アルゴリズム　62
知的財産戦略本部　160
超スマート社会　223,224
調達　175,176,186,191,192,197
著作権　43,61,98,128,146,150,151,168-171,
　　173,182,189
　　──法　129,168-170
データ
　　──型　76,79
　　──モデル　75,79,80,84,85
データセンター　99
データベース　75,76,79,80,84-88,90-92,94,
　　100,108,113,115,137,144,145,152
データマイグレーション　34,165
テーブル　76-86,88-91
テキストエディタ　114
デジタル・ガバメント→電子政府
デジタル・ガバメント実行計画　179-181
デジタルアーカイブ　14,34,108,144,158-164,
　　166-168,170-173
デジタル岡山大百科　161
デジタルカメラ　164
デジタル社会形成基本法　178,180
デジタル社会の実現に向けた重点計画　179

デジタル署名→電子署名
デジタル庁　178
デジタルトランスフォーメーション　128,178
テスト　189,193,194,196,197,203
電子自治体　177,180,182,186
電子ジャーナル　8,19,24,25,144,149,151,
　　153,163
電子書籍　19,24-26,97,106,108,128,144,147,
　　149,151-157,163,188
　　──貸出サービス　152
　　フィックス型──　153,154
　　リフロー型──　153,154
電子署名　150
電子資料の長期保存　147-149
電子透かし　150,151
電子政府　177,178,180,181,186
転置インデックス　68
動的ページ　113
動的ランキング　103
読書バリアフリー法　154
図書館
　　──Webサイト　107,108,117,119,120,184
　　──業務システム　17-24,27,28,31,184,
　　　　190,208,210,212,214
　　──パッケージシステム　131,194
　　──向けデジタル化資料送信サービス　171
トップページ　96,99,107,119-122,131,161
ドメイン名　54,55,60
トランザクション　87,90
トリガーイベント　149

な　行

内閣サイバーセキュリティセンター　178
二分探索　63,64
入退館機　28,29,217
ネットワーク系資料　143-147

は　行

ハードウェア　18,36,37,38,42,43,45,55,87,
　　165,192,197
バーナーズ＝リー,ティム　50
排他制御　87
バイト　38-40

ハイパーテキスト　50,109

ハイブリッド図書館　17

パッケージ系資料　143,144

パッケージ図書館システム→図書館パッケージ
　システム

ハッシュ値　101

ハッシュ法　64

パンくずリスト　121-123

非機能要件　190

ビット　38,39,52,53

ビュー　79

表層 Web　100

非来館型サービス　106,107

ファイル形式　154,165-167

ファブスペース　204

フィルターバブル　98

プライバシー　99,104,105,171,206,211,217

フリーウェア　43

フリーソフトウェア　43-45

フローチャート　137-139

プログラミング言語　131,132,135,142

プログラム　36,37,40,42-44,46,62,63,91,94,
　99,113,115,118,131,150,184

　――内蔵方式　36

プロジェクト

　――計画書　199

　――マネジメント　188,198,199

プロトコル　50,55,56,60,95,211

文化庁長官裁定制度　170

分岐処理　133,137,141

分散コンピューティング　99

平均精度　73

ページランク　96,102

変更管理　195,196

変数　134-136,139,140

ボーンデジタル　147,158,163,165,166,170,
　172

保護期間　168-170,173,182

補助記憶装置　37-41,46

ま　行

マークアップ言語　102,109

マイグレーション→データマイグレーション

マイクロフィルム　2,3,33,34,143

マイナンバーカード　182

マイルストーン　200,201

メタデータ　102,148,151,159-167,171,173

メモリ　37-42,46,92

問題管理　195,196

や　行

ユーザインターフェース　18,47,97,122,129

ユーザエクスペリエンス　123

ユーザビリティ　119,122,123

ユースケース　190

要件定義　189,190,192-194,199,203

ら　行

ラーニング・コモンズ　221,222,224

ライセンス　43,44,171

リスク　118,162,172,174,179,183,184,186,
　202,203

　――管理　202

リプレース　197

利用者テスト　194

リレーショナルデータベース（RDB）　75,90-
　92

レスポンシブ Web デザイン　119

連動型広告　98

ロールバック　87,90

ロボット　94,99,100,204,211,212,217,219-
　221,225

ロボット排除プロトコル　100

論理演算　70,88

# 監修者紹介

## 山本順一（やまもと・じゅんいち）

　早稲田大学第一政治経済学部政治学科卒業。早稲田大学大学院政治学研究科博士課程単位取得満期退学。図書館情報大学大学院図書館情報学研究科修士課程修了。筑波大学大学院図書館情報メディア研究科教授、放送大学客員教授等を経て、現在、フリーランス研究者。著述家。サイクリング愛好者。『コンメンタール著作権法　改訂版Ⅰ・Ⅱ』（分担執筆、第一法規、2020）、『メディアとICTの知的財産権　第2版』（未来へつなぐデジタルシリーズ）（共著、共立出版、2018）、『行政法　第3版』（Next教科書シリーズ）（共著、弘文堂、2017）、『情報メディアの活用　3訂版』（共編著、放送大学教育振興会、2016）、『IFLA公共図書館サービスガイドライン　第2版』（監訳、日本図書館協会、2016）、『新しい時代の図書館情報学補訂版』（編著、有斐閣、2016）、『図書館概論──デジタル・ネットワーク社会に生きる市民の基礎知識』（単著、ミネルヴァ書房、2015）、『シビックスペース・サイバースペース──情報化社会を活性化するアメリカ公共図書館』（翻訳、勉誠出版、2013）、『学習指導と学校図書館　第3版』（監修、学文社、2013）など。

## 執筆者紹介（＊は編著者、執筆順）

## 若松昭子（わかまつ・あきこ）第1章

　慶應義塾大学大学院文学研究科図書館・情報学専攻博士後期課程単位取得。獨協医科大学図書館司書、琉球大学教育学部助教授等を経て、現在、聖学院大学名誉教授。『図書館は市民と本・情報をむすぶ』（共著、勁草書房、2015）、『読書と豊かな人間性』（共著、学文社、2007）など。

## 久保誠（くぼ・まこと）第2章、第15章

　同志社大学文学部英文学科卒業。放送大学大学院文化科学研究科修士課程修了。聖学院大学大学院アメリカヨーロッパ文化学研究科博士課程修了。博士（学術）。現在、国際基督教大学　図書館長代行、司書、学芸員。『近世日本の歴史叙述と対外意識』（共著、勉誠出版、2016年）、『図書館の再出発──ICU図書館の15年』（共著、大学教育出版、2007年）など。

## ＊今井福司（いまい・ふくじ）第3章、第4章、第5章

　編著者紹介欄参照。

## 桑原尚子（くわばら・たかこ）第3章、第4章

　東京大学大学院学際情報学府博士課程単位取得退学。元慶應義塾大学講師、元実践女子大学講師。『社会情報論』（建帛社、2002年）、「情報概念を基礎とする大学一般情報教育」（情報システム学会論文誌,Vol.5, No.1）など。

川瀬直人（かわせ・なおと）**第6章、第14章**

筑波大学大学院図書館情報メディア研究科博士後期課程満期退学。国立情報学研究所への出向を経て、現在、国立国会図書館勤務。東洋英和女学院大学非常勤講師。

*塩崎亮（しおざき・りょう）**第7章、第13章**

編著者紹介欄参照。

西田洋平（にしだ・ようへい）**第8章**

東京大学大学院学際情報学府博士課程単位取得退学。現在、東海大学資格教育センター准教授。『人間非機械論——サイバネティクスが開く未来』（講談社、2023年）、『情報資源組織論』（共編著、東海大学出版部、2020年）など。

*河島茂生（かわしま・しげお）**第8章コラム**

編著者紹介欄参照。

竹之内明子（たけのうち・あきこ）**第9章**

筑波大学大学院人間総合科学学術院人間総合科学研究群情報学学位プログラム博士後期課程在学中。東京大学駒場図書館、東海大学図書館等勤務を経て、現在、法政大学兼任講師、昭和音楽大学ほか非常勤講師。『情報サービス論 第2版』（共著、学文社、2024年）、『情報資源組織論』（共著、東海大学出版部、2020年）など。

川嶋斉（かわしま・ひとし）**第10章**

図書館情報大学図書館情報学部卒業。現在、野田市立興風図書館勤務。『新着雑誌記事速報から始めてみよう——RSS・APIを活用した図書館サービス』（共著、日本図書館協会、2012年）など。

植村八潮（うえむら・やしお）**第11章**

東京経済大大学院博士後期課程修了。博士（コミュニケーション学）。東京電機大学出版局長、出版デジタル機構代表取締役を歴任。現在、専修大学文学部教授。日本図書館協会常務理事。NPO本の学校理事。『電子出版の構図——実体のない書物の行方』（印刷学会出版部、2010年）、『電子図書館・電子書籍サービス調査報告2022——これまでの10年とこれからの10年』（共編著、樹村房、2022年）など。

森山光良（もりやま・みつよし）**第12章**

東京大学大学院教育学研究科博士課程在学中。国立国会図書館参事、公立学校教諭、公共図書館司書として勤務。『図書館概論 改訂（新・図書館学シリーズ：1）』（共著、樹村房、2005年）など。

# 編著者紹介

## 塩崎亮（しおざき・りょう）
　シティ大学ロンドン 図書館情報学専攻修士課程修了。国立国会図書館勤務を経て、現在、聖学院大学教授。『レファレンスサービスの射程と展開』（共著、日本図書館協会、2020年）、『図書館情報学概論』（訳、勁草書房、2019年）など。

## 今井福司（いまい・ふくじ）
　東京大学大学院教育学研究科生涯学習基盤経営コース修了。博士（教育学）。現在、白百合女子大学基礎教育センター准教授。『学校図書館への招待』（共著、八千代出版、2017年）、『日本占領期の学校図書館』（単著、勉誠出版、2016年）など。

## 河島茂生（かわしま・しげお）
　東京大学大学院学際情報学府博士後期課程修了。博士（学際情報学）。現在、青山学院大学准教授，理化学研究所革新知能統合研究センター客員研究員，青山学院大学革新技術と社会共創研究所所長など。『未来技術の倫理』（勁草書房、2020年）、『AI時代の「自律性」』（編著、勁草書房、2019年）など。

講座・図書館情報学④

図書館情報技術論［第2版］
──図書館を駆動する情報装置──

| | | |
|---|---|---|
| 2013年 3 月20日 | 初版第 1 刷発行 | 〈検印省略〉 |
| 2019年12月10日 | 初版第 4 刷発行 | |
| 2022年 5 月15日 | 第 2 版第 1 刷発行 | 価格はカバーに |
| 2024年 6 月30日 | 第 2 版第 3 刷発行 | 表示しています |

|  | | | |
|---|---|---|---|
| | 塩 | 崎 | 亮　司 |
| 編 著 者 | 今 | 井 | 福　生 |
| | 河 | 島 | 茂　生 |
| 発 行 者 | 杉 | 田 | 啓　三 |
| 印 刷 者 | 藤 | 森 | 英　夫 |

発行所　株式会社　ミネルヴァ書房
607-8494　京都市山科区日ノ岡堤谷町 1
電話代表　（075）581－5191
振替口座　01020－0－8076

ISBN978-4-623-09390-8
Printed in Japan

山本順一 監修

# 講座・図書館情報学

## 全**12**巻

Ａ５判・上製カバー

①生涯学習概論　　　　　　　　　　前平泰志 監修／渡邊洋子 編著

②図書館概論　　　　　　　　　　　　　　　　　山本順一 著

③図書館制度・経営論　　　　　　　　　　　安藤友張 編著

④図書館情報技術論［第2版］　塩崎　亮・今井福司・河島茂生 編著

⑤図書館サービス概論　　　　　　　　　　小黒浩司 編著

⑥情報サービス論　　　　　　山口真也・千　錫烈・望月道浩 編著

⑦児童サービス論　　　　　　　　　伊香左和子・塚原　博 編著

⑧情報サービス演習　　　　　　　　　　　　中山愛理 編著

⑨図書館情報資源概論　　　　　　　　　　藤原是明 編著

⑩情報資源組織論［第2版］　　　　　　　　志保田務 編著

⑪情報資源組織演習　竹之内禎・長谷川昭子・西田洋平・田嶋知宏 編著

⑫図書・図書館史　　　　　　　　　　　　　三浦太郎 編著

──────── ミネルヴァ書房 ────────
https://www.minervashobo.co.jp/